AF223524

8°
G
870

COURS COMPLET DE GÉOGRAPHIE

À L'USAGE

DES LYCÉES ET DES COLLÉGES

GÉOGRAPHIE ÉLÉMENTAIRE

DES

CINQ PARTIES DU MONDE

Contenant les matières indiquées par les programmes officiels
du 23 juillet 1874

POUR LA CLASSE DE HUITIÈME

PAR

E. CORTAMBERT

Ancien président de la Commission centrale de la Société de géographie
Bibliothécaire de la Section géographique de la Bibliothèque nationale.

NOUVELLE ÉDITION ILLUSTRÉE DE 22 GRAVURES INTERCALÉES DANS LE TEXTE

PARIS

LIBRAIRIE HACHETTE ET Cie

79, BOULEVARD SAINT-GERMAIN, 79

8° G
870

COURS COMPLET DE GÉOGRAPHIE

A L'USAGE

DES LYCÉES ET DES COLLÉGES

GÉOGRAPHIE ÉLÉMENTAIRE

DES

CINQ PARTIES DU MONDE

Contenant les matières indiquées par les programmes officiels
du 23 juillet 1874

POUR LA CLASSE DE HUITIÈME

PAR

E. CORTAMBERT

Ancien président de la Commission centrale de la Société de géographie
Bibliothécaire de la Section géographique de la Bibliothèque nationale.

NOUVELLE ÉDITION ILLUSTRÉE DE 22 GRAVURES INTERCALÉES DANS LE TEXTE

PARIS

LIBRAIRIE HACHETTE ET Cie

79, BOULEVARD SAINT-GERMAIN, 79

1876

TABLE DES MATIÈRES

GÉOGRAPHIE ÉLÉMENTAIRE

DES

CINQ PARTIES DU MONDE

CLASSE DE HUITIÈME

NOTIONS PRÉLIMINAIRES

---

1. — FORME DE LA TERRE.

La *géographie* est la description de la Terre.

La Terre est ronde ; ce qui le prouve, c'est que, par-dessus les grandes plaines ou les grandes étendues d'eau, on

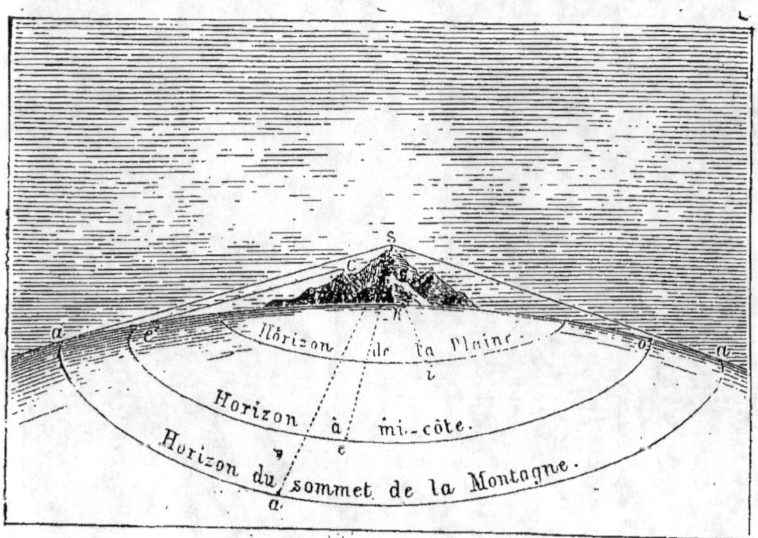

Courbure de la Terre.

ne peut voir que le haut des édifices, des montagnes ou des navires très-éloignés : notre vue est limitée de tous côtés sur la Terre ; cette limite forme un grand cercle autour de nous, et s'appelle *horizon*.

Les montagnes n'empêchent pas la Terre d'être ronde, parce qu'elles ne sont rien comparativement à sa grosseur: la Terre, en effet, a 40 000 kilomètres de tour ou environ 13 000 kilomètres d'épaisseur, tandis que les plus hautes montagnes n'ont que 8 à 9 kilomètres d'élévation.

II. — MOUVEMENT DE LA TERRE.

La Terre tourne sur elle-même ; elle fait ainsi passer devant le Soleil successivement tous les points de sa surface : voilà pourquoi nous avons tour à tour le *jour* et la *nuit*, le *matin* et le *soir*, *midi* et *minuit*, enfin toutes lès différentes heures.

Mouvement de la Terre sur elle-même.

La Terre fait un tour entier sur elle-même en vingt-quatre heures.

Elle tourne en même temps autour du Soleil ; elle fait un tour autour de cet astre dans l'espace d'une année.

Par ce mouvement, elle parcourt 900 millions de kilomètres par an, ou 31 kilomètres par seconde. On ne se figure pas d'abord qu'on puisse être transporté dans l'espace si rapidement, sans le sentir ; et voilà pourquoi on croit volontiers que ce sont les astres qui tournent autour de nous.

On éprouve une illusion, comme lorsqu'on est sur un bateau, ou dans une voiture bien suspendue roulant sur le gazon ou sur le sable fin : on dirait que les objets du voisinage passent à côté de nous et s'enfuient ; ils sont immobiles cependant. Si nous oublions alors notre propre mouvement, il est bien naturel aussi que nous ne sentions pas celui de la Terre : car c'est une voiture admirablement suspendue, et les voyageurs n'y sont avertis de leur marche par aucun obstacle, par aucune secousse.

III. — ROSE DES VENTS.

Le côté de l'horizon où le Soleil semble se lever s'appelle *est, levant* ou *orient*. — Celui où il semble se coucher est

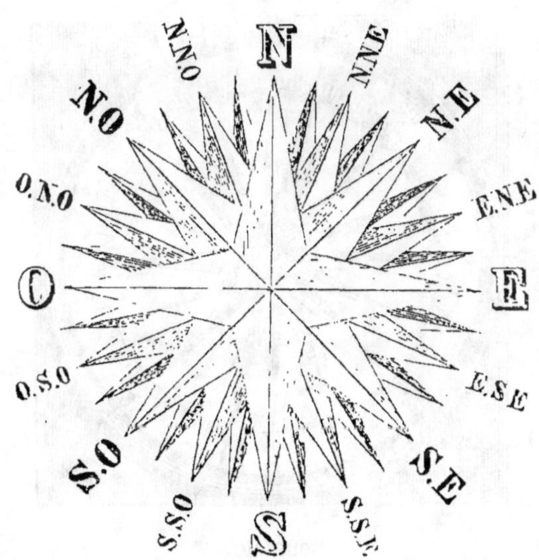

Rose des vents.

l'ouest, couchant ou *occident*. — Le *sud* ou *midi*, appelé aussi point *austral* ou *méridional*, est dans la direction où nous voyons le Soleil à midi. — Le *nord* ou *septentrion*, nommé aussi point *boréal* ou *septentrional*, est à l'opposé, et se reconnaît par les groupes d'étoiles de la *Grande Ourse* et de la *Petite Ourse*, situés de ce côté.

Ce sont les quatre *points cardinaux*. On les désigne ordinairement par ces abréviations: N., S., E., O.

Il y a quatre *points collatéraux:* — le *nord-est*, entre le nord et l'est; — le *nord-ouest*, entre le nord et l'ouest; — le *sud-est*, entre le sud et l'est; — le *sud-ouest*, entre le sud et l'ouest.

Les points cardinaux et les points collatéraux forment ce qu'on appelle la *rose des vents*.

Il est très-utile de savoir retrouver les points cardinaux et collatéraux, c'est-à-dire *s'orienter*. Pendant le jour, il est facile de le faire au moyen du Soleil, qu'on voit à l'est à six heures du matin, au sud à midi, et à l'ouest à six heures du soir.

Le Soleil se trouve au sud-est à neuf heures du matin. Il est au sud-ouest à trois heures du soir.

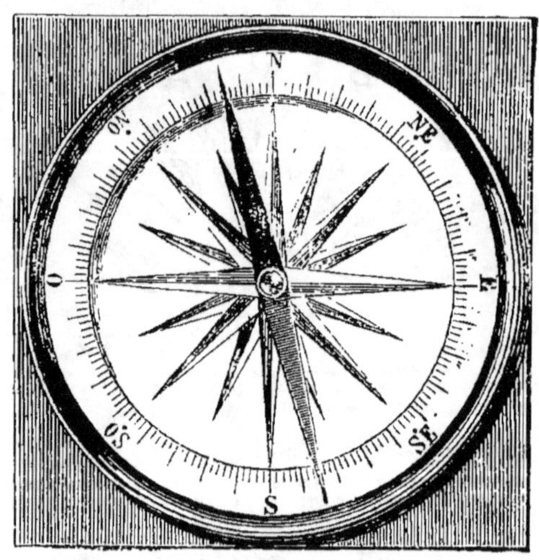

Boussole.

La nuit, on peut avoir recours à l'étoile Polaire, située au nord, dans la Petite Ourse.

On se sert aussi de la *boussole*, petit instrument dont la

pièce principale est une aiguille d'acier aimanté ; suspendue par un pivot, où elle tourne librement, cette aiguille a la propriété de diriger l'une de ses pointes au nord et l'autre au sud.

Sur les dessins nommés *cartes*, qui représentent la Terre ou quelques-unes de ses parties, on a coutume de placer le nord en haut, le sud en bas, l'est à droite et l'ouest à gauche.

IV. — AXE, PÔLES, ÉQUATEUR ET AUTRES CERCLES. GLOBES ET CARTES.

La ligne imaginaire sur laquelle la Terre fait son mouvement sur elle-même, et qu'on peut comparer à l'essieu d'une roue, s'appelle *axe*.

Les deux extrémités de l'axe sont les *pôles* : l'un est le *pôle nord* ; l'autre, le *pôle sud*.

On nomme *équateur* ou *ligne équinoxiale* un grand cercle qui se trouve à égale distance des deux pôles, et qui

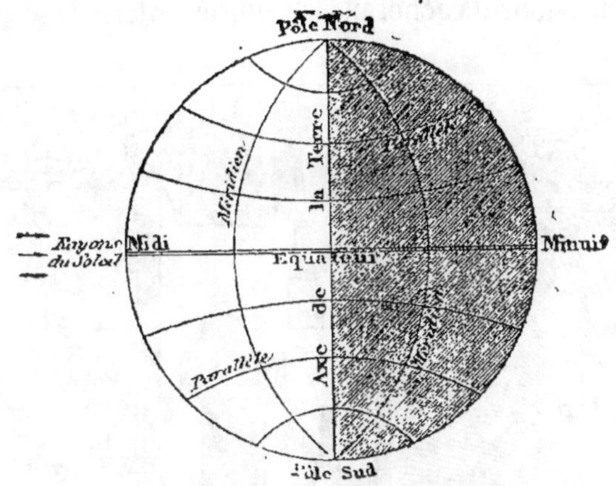

Axe, pôles, équateur, méridiens.

divise la Terre en deux demi-boules ou *hémisphères*. Ce cercle est dans la partie la plus chaude de la Terre, car c'est sur cette partie que le Soleil darde directement ses rayons.

Le froid augmente à mesure qu'on s'éloigne de l'équateur et qu'on s'avance vers le pôle nord ou vers le pôle sud.

Les *méridiens* sont les cercles perpendiculaires à l'équateur et passant tous par les pôles.

Les *parallèles* sont des cercles parallèles à l'équateur ;

parmi ces cercles, on remarque les *tropiques du Cancer et du Capricorne.*

Pour représenter la Terre, on se sert de *globes artificiels et de cartes.*

La carte qui représente la Terre entière est la *mappemonde ou le planisphère.* Tantôt elle en montre séparément les

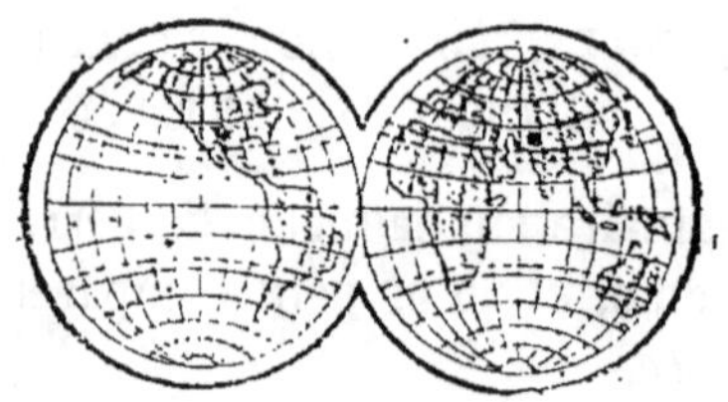

Mappemonde.

deux hémisphères, parce qu'il serait impossible de voir sur le papier le globe tout entier tel qu'il est naturellement, la moitié supérieure cacherait la moitié inférieure : c'est ce

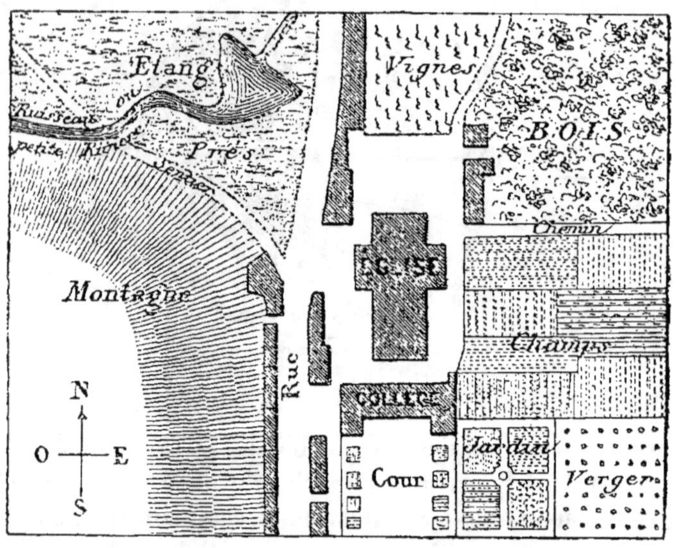

Environs d'un collége (au 2000ᵉ).

qu'on appelle proprement une mappemonde. Tantôt on ne cherche pas à rendre la rondeur de la Terre, mais on enlève en quelque sorte au globe sa surface, on la développe et on l'étend, aplatie, sur le papier ; alors la carte est carrée, et l'on n'a pas besoin de faire deux hémisphères séparés : ce sont ces cartes qu'on désigne particulièrement par le nom de planisphères. (Voy. l'Atlas.)

On nomme cartes topographiques celles qui présentent des détails très-multipliés et jusqu'aux moindres lieux.

Les cartes encore plus détaillées portent le nom de *plans*. Telle est celle que nous donnons ici pour représenter les environs d'un collége.

Une *échelle* est une mesure placée sur les cartes à côté des pays représentés, et au moyen de laquelle on peut évaluer la distance des lieux et l'étendue des pays en *mesures itinéraires*, telles que *kilomètres, lieues*, etc.

L'échelle est au 10 000e, ou au 100 000e, etc., suivant que les espaces dessinés sont 10 000 ou 100 000 fois, etc., plus petits que le terrain qu'ils représentent.

V. — ÉTENDUE DE LA TERRE, MESURES ITINÉRAIRES.

La Terre a 360 degrés de tour ; car l'on est convenu de diviser tout corps circulaire en 360 degrés.

Il y a 10 000 000 de mètres, c'est-à-dire 10 000 kilomètres, ou 1000 myriamètres, dans le quart du méridien terrestre. La Terre a donc 40 000 kilomètres (4000 myriamètres) de tour. Dans un des 360 degrés d'un grand cercle terrestre, c'est-à-dire dans un degré du méridien ou de l'équateur (deux cercles qui font le tour entier du globe), il entre 111 kilomètres ou 11 myriamètres et 1 dixième. Comme, d'un autre côté, la Terre a 9000 lieues communes de tour, il y a 25 lieues dans un degré. La lieue égale 4 kilomètres et demi.

VI. — TERMES GÉOGRAPHIQUES.

Il y a, sur la Terre, des terres et des eaux.

Les terres occupent environ le tiers de la surface du globe, et les mers les deux tiers.

Les plus grands espaces de terre sont les *continents*.

Les *îles* sont des terres moins grandes, entourées d'eau de tous côtés.

Plusieurs îles rapprochées les unes des autres forment un

groupe d'îles. — Quand il y en a beaucoup, cette réunion se nomme *archipel.*

Les *presqu'îles* ou *péninsules* sont des espaces de terre environnés d'eau *presque* de tous côtés.

Un *isthme* est un espace étroit entre deux masses d'eau.

Les *côtes* sont les bords des continents et des îles.

Les *promontoires*, les *caps* et les *pointes* sont les avancemens des côtes.

La plus grande partie de l'eau répandue sur le globe forme ce qu'on appelle la *mer.*

Les *océans* sont les plus grands espaces de mer.

Une *mer* est un espace moins grand qu'un *océan.*

Les *golfes*, *baies*, *anses* et *rades* sont des avancements de mer qui pénètrent dans les terres.

Les *ports* ou *havres* sont des avancements plus petits, propres à servir d'asile aux navires.

Un *détroit* est un espace de mer resserré entre deux parties de terre. On lui donne souvent aussi le nom de *canal*.

Les *lacs* sont de grands amas d'eau au milieu des terres.

Les *marais* sont des amas d'eau peu profonds situés dans les terres.

Les *lagunes* sont des espèces de lacs placés près des côtes et communiquant avec la mer.

Des rochers placés au milieu de la mer et dangereux pour les navigateurs s'appellent *écueils*, *récifs*, *brisants*.

Il s'y trouve aussi des espaces sablonneux, également fort dangereux pour les navires, et qu'on appelle *bancs de sable*.

Les vents qui soufflent sur la mer et les lacs y produisent des élévations mobiles appellées *vagues*, *ondes*, *lames*, *flots*.

Il y a, dans la mer, des *courants*, qui portent les eaux dans certaines directions.

Par l'effet de l'attraction de la Lune et du Soleil, les eaux de la mer s'élèvent et s'abaissent tour à tour deux fois par jour : c'est ce qu'on appelle les *marées*.

La marée montante prend le nom de *flux*, et la marée descendante celui de *reflux*.

VII. — SUITE DES TERMES GÉOGRAPHIQUES.

Les *plaines* sont de grands espaces de terrain plat.

On nomme *déserts* de grands espaces inhabités : ordinairement ce sont des plaines arides ; quelquefois cependant ils sont couverts de hautes herbes, et s'appellent alors *savanes*. Les petits déserts qu'on voit en France se nomment *landes*.

On appelle *oasis* les espaces fertiles qui se trouvent dans les déserts arides.

Les *monts* et les *montagnes* sont de grandes hauteurs ; les *collines* et les *monticules* sont moins élevés. On appelle ordinairement *côte* ou *coteau* le penchant d'une montagne ou d'une colline ; quelquefois on nomme *côte* une montagne ou une colline tout entière.

Le *pied* est la partie la plus basse d'une montagne. Le *sommet* en est le point le plus élevé ; quand il est pointu, il se nomme *pic* ou *aiguille*.

Une *chaîne de montagnes* est formée de plusieurs montagnes jointes les unes aux autres.

D'autres réunions de montagnes sont disposées en *groupes* et non en chaînes.

On nomme *plateaux* de larges territoires considérablement élevés au-dessus des pays voisins ; tantôt ils sont plats, tantôt ils sont couronnés ou entourés de montagnes. On appelle aussi *plateaux* les petites plaines qui forment les sommets de certaines montagnes

Les penchants d'une montagne ou d'une chaîne de montagnes s'appellent *pentes*, *flancs*, *revers* ou *versants*.

Volcan. — Le Cotopaxi (dans les Cordillères).

Les *volcans* sont des montagnes ayant de grandes ouvertures nommées *cratères*, d'où sortent des flammes, de la fumée et des minéraux fondus.

Les *tremblements de terre* sont de terribles phénomènes pendant lesquels le sol s'agite violemment.

Les volcans et les tremblements de terre prouvent que le globe est très-chaud intérieurement, et que les gaz ou vapeurs de l'intérieur cherchent à s'échapper.

Un *défilé* ou *col* est un passage étroit entre deux sommets de montagnes, ou entre une montagne et une mer.

Les *vallées* ou les *vallons* sont des espaces profonds qui se trouvent entre deux montagnes ou entre deux chaînes de montagnes.

Les *glaciers* sont des amas de neiges durcies et de glaces qui couvrent souvent les plus hautes montagnes.

Les *avalanches* sont des masses de neige qui se précipitent du haut des montagnes, en renversant tout sur leur passage.

Les *cavernes* ou *grottes* sont des profondeurs qui se trouvent ordinairement dans les rochers des montagnes.

Une réunion d'arbres forme un *bois;* une *forêt* est plus considérable qu'un bois.

VIII. — SUITE DES TERMES GÉOGRAPHIQUES.

Un *fleuve* est un grand cours d'eau qui se jette dans la mer.

Une *rivière* est un cours d'eau qui perd son nom en se joignant à un autre; quand un cours d'eau qui se rend dans la mer n'est pas considérable, il s'appelle aussi *rivière*.

Un *ruisseau* est un petit cours d'eau.

Les *torrents* sont des cours d'eau très-rapides et qui ordinairement n'existent qu'à certaines époques de l'année, au moment des grandes pluies ou de la fonte des neiges.

La *source* d'un cours d'eau est l'endroit où il commence; son *embouchure* est l'endroit où il se jette dans la mer. Plusieurs embouchures s'appellent aussi *bouches*. Le territoire compris entre la mer et les branches d'un fleuve à plusieurs embouchures se nomme *delta*.

L'endroit où deux cours d'eau se joignent est un *confluent*.

Les *affluents* d'un cours d'eau sont les cours d'eau qu'il reçoit.

Les deux rives d'un cours d'eau s'appellent *rive droite* et *rive gauche*. Pour les reconnaître, il faut se figurer que le cours d'eau est une personne qui descend vers l'endroit où il se termine; la rive droite est à la droite de cette personne, la rive gauche à sa gauche.

Le *bassin d'un fleuve* est le territoire arrosé par ce fleuve et ses affluents.

Le *bassin d'une mer* est l'espace qui comprend, outre cette mer elle-même, l'ensemble de tous les territoires qui y versent leurs eaux.

La partie d'un pays qui verse ses eaux dans une mer forme le *versant de cette mer* (expression abrégée pour : *versant incliné vers cette mer*).

La *ligne de partage des eaux* est une suite de terrains plus ou moins élevés qui sépare les versants ou les bassins.

Un *étang* est un amas d'eau formé par un ruisseau dont on arrête le courant au moyen d'une chaussée. On donne quelquefois aux lagunes le nom d'*étangs*.

Une chute d'eau se nomme *cascade* ou *cataracte*. Si elle est peu élevée, c'est un *rapide*.

Un *canal* est un grand fossé où l'on introduit de l'eau ordinairement pour y faire circuler les bateaux et pour établir une communication d'un cours d'eau à un autre.

On peut faire passer les canaux par-dessus d'assez grandes hauteurs, au moyen d'*écluses :* ce sont des parties d'un canal disposées en gradins et formant des bassins ou biefs, avec des portes énormes qu'on ferme et qu'on ouvre à volonté, pour arrêter ou pour faire écouler l'eau. Ainsi, lorsqu'on veut monter, on ouvre les portes au-dessus du bateau ; l'eau qui était arrêtée par l'écluse, se précipite dans la partie inférieure, et elle s'élève bientôt au niveau de la partie supérieure du canal, dans laquelle le bateau peut alors passer.

NOTIONS SOMMAIRES SUR LE GLOBE TERRESTRE

IX. — DIVISION DE LA SURFACE DU GLOBE EN TERRES ET EN EAUX. — LES CONTINENTS, LES PARTIES DU MONDE.

La surface du globe se divise en deux grandes parties : 1° les *terres* ; 2° les *eaux*, dont l'ensemble forme la *mer*. Les terres, placées en majeure partie au nord de l'équateur, n'occupent qu'environ un tiers de cette surface. Sur 510 000 000 de kilomètres carrés dont se compose la surface du globe, il y en a 135 000 000 pour les terres et 375 000 000 pour la mer.

Les terres forment trois *continents* et un grand nombre d'*îles*. Les premiers sont : 1° l'*Ancien continent*, comprenant trois parties du monde : l'*Europe*, l'*Asie* et l'*Afrique ;* 2° le *Nouveau continent* ou l'*Amérique*, qui est la quatrième partie du monde ; 3° l'*Australie* ou *Nouvelle-Hollande*, ou *continent Austral*, bien moins considérable que les deux autres continents, et compris dans une cinquième partie du monde, nommée *Océanie*.

L'Ancien et le Nouveau continent ont entre eux des rapports de forme très-remarquables ; chacun présente deux grandes masses : l'une septentrionale, l'autre méridionale ; la masse du nord, dans l'Ancien continent, comprend l'Europe et l'Asie ; la masse du sud forme l'Afrique ; — la masse du nord, dans le Nouveau continent, est l'*Amérique septentrionale ;* la masse du sud, l'*Amérique méridionale*. Dans chaque continent, ces deux masses sont réunies par un isthme, resserré entre deux enfoncements de la mer ; dans chacun, la masse septentrionale est plus considérable et beaucoup plus irrégulière que la masse méridionale ; enfin les parties australes des continents ont une grande ressemblance, et s'avancent également au S. en longues pointes. La longueur de l'Ancien continent, qui est le plus étendu, est dirigée du N. E. au S. O. ; celle du Nouveau, du N. N. O. au S. S. E. Il faut remarquer que la masse du nord de l'Ancien continent s'étend de l'E. à l'O., tandis que celle du Nouveau continent s'étend du N. au S. Dans chaque continent, la masse du S. a sa plus grande longueur du N. au S. Enfin les presqu'îles nombreuses que renferme chacune des deux masses septentrionales sont généralement tournées vers le S.

Les continents offrent une surface de 125 000 000 de kilomètres carrés; les îles, de 10 000 000 de kilomètres carrés.

L'Ancien continent a 79 330 000 kilomètres carrés; le Nouveau, 37 980 000, et le continent Austral, 7 660 000.

X. — SITUATION ET GRANDEUR RELATIVES DES PARTIES DU MONDE.

L'EUROPE, qui occupe le N. O. de l'Ancien-Monde, est la plus petite des cinq parties du globe, mais la plus importante par sa civilisation. Les côtes en sont extrêmement découpées : on y voit beaucoup de presqu'îles, dont les principales sont la *Scandinavie*, au N., la *péninsule Hispanique*, au S. O., l'*Italie* et la *péninsule Turco-Hellénique*, au S.

L'ASIE, qui occupe l'E. de l'Ancien continent, est la plus grande. Elle a aussi des côtes assez irrégulières. Au N., s'avance fort loin le cap *Nord-Est*, le plus boréal de l'Ancien-Monde; — à l'E., sont les presqu'îles de *Kamtchatka* et de *Corée*; — au S., la presqu'île de l'*Indo-Chine* (avec celle de *Malaka*), et la presqu'île de l'*Hindoustan*, appelées dans leur ensemble les *presqu'îles de l'Inde ;* — au S. O., est la presqu'île d'*Arabie*, et, à l'O., celle de l'*Asie Mineure*.

L'AFRIQUE se trouve dans le S. O. de l'Ancien continent. Elle a une forme régulière et des côtes sans découpures. Elle figure presque un grand triangle, allongé du N. au S.

L'Amérique du Nord a des côtes très-échancrées, comme celles de l'Europe et de l'Asie, et il s'y trouve beaucoup de presqu'îles, telles que le *Labrador*, à l'E., la *Floride*, l'*Yucatan*, au S., et la *Californie*, à l'O.

L'Amérique méridionale a une forme régulière et des côtes presque partout uniformes, comme celles de l'Afrique.

L'OCÉANIE, composée d'un grand nombre de terres disséminées au S. E. de l'Asie, a pour région principale l'*Australie*, qui a une forme assez régulière et figure presque un ovale.

Comparaison de l'étendue et de la population des parties du monde :

	Kilom. carrés.	Population.
Europe continentale................	9 030 000	
Europe avec les îles................	10 180 000	300 000 000
Asie continentale..................	41 200 000	
Asie avec les îles	42 160 000	700 000 000
Afrique continentale..............	29 100 000	
Afrique avec les îles.	29 700 000	100 000 000 (?)
Amérique continentale............	37 980 000	
Amérique avec les îles (Groenland, etc.).	42 480 000	85 000 000
Australie.....................	7 660 000	
Australie avec les îles, ou Océanie.....	10 850 000	35 000 000 (?)

Ainsi, la superficie des parties du monde est de 135 millions de kilomètres carrés, et la population générale du globe s'élève à environ 1 milliard 200 millions d'habitants.

XI. — OCÉAN, GRANDES MERS ET PRINCIPAUX GOLFES.

L'océan, qui est la masse générale de la mer répandue sur le globe, se divise en cinq parties : 1° l'*océan Atlantique*, à l'O. de l'Ancien continent et à l'E. du Nouveau ; 2° le *Grand océan* ou *océan Pacifique*, à l'E. de l'Ancien continent et de l'Australie, et à l'O. du Nouveau continent ; 3° l'*océan Indien*, au S. E. de l'Ancien continent et à l'O. de l'Australie ; 4° l'*océan Glacial arctique*, qui s'étend au N. de l'Ancien et du Nouveau continent ; 5° l'*océan Glacial antarctique*, dans la zone glaciale du S.

Parmi les avancements formés par l'océan dans les terres, le plus remarquable est la mer *Méditerranée*, produite par l'ATLANTIQUE et située entre l'Europe, l'Afrique et l'Asie. Elle comprend plusieurs autres mers, telles que l'*Adriatique*, l'*Archipel* et la mer *Noire*.

L'océan Atlantique forme encore, dans l'Ancien continent, la mer *Baltique* et la mer du *Nord*, en Europe, et le golfe de *Guinée*, en Afrique. Sur la côte de l'Amérique, il forme la mer d'*Hudson*, le golfe du *Mexique* et la mer des *Antilles*.

LE GRAND OCÉAN OU OCÉAN PACIFIQUE comprend, au N.,

la mer de *Beering*, située entre l'Amérique et l'Asie. Il forme, à l'E., en Amérique, la mer *Vermeille* ou le golfe de *Californie;* — à l'O., sur la côte d'Asie, la mer d'*Okhotsk*, la mer du *Japon*, la mer *Jaune*, la mer de *Corée* et la mer de *Chine*.

L'OCÉAN INDIEN forme, au S. de l'Asie, le golfe du *Bengale*, la mer d'*Oman* et le golfe *Persique;* — entre l'Afrique et l'Asie, la mer *Rouge*, appelée aussi golfe *Arabique*.

L'OCÉAN GLACIAL ARCTIQUE comprend la mer *Blanche*, en Europe, et la mer *Polaire de Kane*, la mer de *Baffin*, le *Bassin de Melville*, en Amérique.

L'OCÉAN GLACIAL ANTARCTIQUE n'a pas de subdivisions.

La mer *Caspienne*, sur les limites de l'Europe et de l'Asie, est une mer isolée, ou un grand lac.

XII. — ISTHMES ET DÉTROITS PRINCIPAUX.

Les deux isthmes les plus importants du globe sont

Détroit de Gibraltar.

l'*isthme de Suez*, qui, unissant l'Afrique à l'Asie, est resserré entre la Méditerranée et la mer Rouge ; ensuite l'*isthme de Panama*, qui unit l'Amérique septentrionale à l'Amérique méridionale, et se trouve resserré entre la mer des Antilles et le golfe de Panama.

Les détroits les plus remarquables du monde sont le détroit de *Bœring*, qui sépare l'Ancien continent du Nouveau, et qui unit le Grand océan à l'océan Glacial arctique ; le détroit de *Gibraltar*, qui sépare l'Europe de l'Afrique et unit la mer Méditerranée à l'océan Atlantique ; le détroit de *Babel-Mandeb*, entre l'Asie et l'Afrique, faisant communiquer la mer Rouge à l'océan Indien ; le détroit de *Malaka*, entre l'Asie et l'Océanie, conduisant du golfe de Bengale à la mer de Chine.

XIII. — GRANDES ÎLES DU GLOBE.

Les plus grandes îles qui dépendent de l'Europe sont : au N. E., la *Nouvelle-Zemble* ; au N. O., la *Grande-Bretagne* et l'*Irlande* ; au S., la *Corse*, la *Sardaigne*, la *Sicile* et *Candie*.

On remarque sur la côte orientale de l'Asie les grandes îles du *Japon* ; au S., celle de *Ceylan* et la longue chaîne des *Maldives*.

Madagascar, au S. E. de l'Afrique, est la seule grande île de cette partie du monde.

Entre les deux Amériques, est l'archipel des *Antilles*, dont les principales îles sont *Cuba* et *Haïti*.

Dans le N. E. de l'Amérique septentrionale, se trouvent beaucoup d'îles, dont les plus considérables sont les terres du *Groenland*, l'*Islande* et *Terre-Neuve* ; le *Spitzberg*, qu'on rattache quelquefois à l'Amérique, paraît plutôt appartenir à l'Europe. — Au N., on remarque aussi un grand nombre d'îles, enveloppées de glaces, et dont plusieurs des plus importantes composent l'archipel *Parry*. — Dans le N. O., on distingue particulièrement l'île de *Vancouver* et la longue chaîne des îles *Aléoutiennes*.

A l'extrémité de l'Amérique méridionale, se trouve l'archipel de la *Terre de Feu*, terminé par le cap *Horn*.

Parmi les îles innombrables qui, avec le continent de l'Australie, composent l'Océanie, les plus considérables sont à l'O. et au S. : on remarque, entre autres, *Sumatra*, *Java*, *Bornéo*, *Célèbes*, la *Nouvelle-Guinée*, la *Tasmanie* et la *Nouvelle-Zélande*.

Les terres polaires australes nommées *Clarie*, *Adélie*, *Victoria*, *Graham*, *Enderby*, etc., forment peut-être un *continent antarctique* autour du pôle S.

XIV. — PRINCIPALES MONTAGNES DU GLOBE.

Chacun des deux grands continents est partagé en deux pentes principales ou deux *versants*.

L'Ancien continent verse ses eaux, d'un côté, dans l'océan Glacial arctique et l'océan Atlantique, ou dans les mers qu'ils forment; de l'autre, dans le Grand océan et l'océan Indien, ou dans leurs enfoncements.

Ces deux versants sont séparés l'un de l'autre par une longue suite de hauteurs, ou ligne de partage des eaux, qui commence au cap *Oriental*, à l'extrémité N. E. de l'Asie, et finit au cap de *Bonne-Espérance*, à l'extrémité méridionale de l'Afrique.

Cette suite de hauteurs, qui forme l'*arête principale* de l'Ancien continent, porte beaucoup de noms particuliers. — Au centre de l'Asie, elle se divise en deux branches, qui entourent le grand *plateau Central*, et qui s'appellent monts *Altaï*, monts *Célestes*, etc. — Plus loin, elle s'appelle quelque temps *Caucase indien*. Elle rencontre ensuite une partie du *Taurus*. — Après un grand circuit, elle arrive à l'isthme de Suez, et parcourt tout l'Afrique.

Le Nouveau continent verse ses eaux, d'un côté, dans le Grand océan, et, de l'autre, dans l'océan Atlantique et l'océan Glacial arctique. Il est donc aussi partagé en deux *versants;* et ces versants sont séparés l'un de l'autre par une longue chaîne de hauteurs, qui commence au cap *Occidental*, en face du cap Oriental d'Asie, et qui se termine au cap *Froward*, à l'extrémité méridionale du continent Américain. Cette chaîne porte, dans une grande partie de l'Amérique du Nord, le nom de monts *Rocheux;* — dans l'Amérique du Sud, c'est la *Cordillère des Andes*.

Ces deux grandes arêtes de l'Ancien et du Nouveau continent sont presque la continuation l'une de l'autre : car elles ne sont séparées que par le détroit de Beering, entre les caps Oriental et Occidental ; il y a donc, pour ainsi dire, sur la Terre un long dos qui s'étend depuis le cap de Bonne-Espérance jusqu'au cap Froward.

Outre cette grande arête principale de la Terre, il faut encore remarquer, en Asie, les monts *Himalaya*, qui sont les plus hautes montagnes du globe ; — sur la frontière de l'Europe et de l'Asie, le mont *Caucase* et les monts *Ourals ;* — en Europe, les *Alpes* et les *Pyrénées ;* — en Afrique, le mont *Atlas.*

XV. — PRINCIPAUX FLEUVES ET PRINCIPAUX LACS DU GLOBE.

Fleuves de l'Ancien continent. — Les principaux fleuves qui coulent sur le versant de l'océan Glacial arctique, de l'océan Atlantique et des mers qu'ils forment, sont : la *Léna,* l'*Iénisei* et l'*Obi,* en Asie ; — le *Rhin,* la *Seine,* la *Loire,* le *Tage,* le *Rhône,* le *Danube,* le *Dniepr,* le *Don,* en Europe ; — le *Nil* (d'un cours de plus de 5000 kilomètres et le plus long fleuve de l'Ancien continent), le *Sénégal,* le *Niger,* en Afrique.

On peut encore placer sur le même versant le *Volga,* qui se jette dans la mer Caspienne.

Sur le versant du Grand océan et de l'océan Indien, on remarque surtout les fleuves suivants : en Asie, l'*Amour,* le fleuve *Jaune,* le fleuve *Bleu,* le *Gange,* l'*Indus,* le *Tigre* et l'*Euphrate ;* — en Afrique, le *Zambèze.*

Fleuves du Nouveau continent. — Sur le versant de l'océan Atlantique, on remarque : dans l'Amérique du Nord, le *Saint-Laurent,* le *Mississipi,* qui se grossit du *Missouri ;* — dans l'Amérique du Sud, l'*Orénoque,* l'*Amazone,* le *Rio de la Plata.*

Sur le versant du Grand océan, le *Columbia* ou *Orégon,* dans l'Amérique du Nord.

Le plus long cours d'eau d'Amérique et du globe entier est celui qui comprend le *Missouri* et la partie inférieure du *Mississipi :* il a 7000 kilomètres (1600 lieues) de longueur ;

l'*Amazone* a plus de largeur, et c'est le plus large de tous les fleuves, mais son cours n'est que de 5000 kilomètres.

Le principal fleuve de l'Océanie est le *Murray*, dans le S. de l'Australie.

Principaux lacs. — Dans l'Ancien continent, on remarque d'abord la mer *Caspienne* et la mer d'*Aral*, qui sont de véritables lacs, et qui se trouvent, la première, entre l'Asie et l'Europe, la seconde, dans l'O. de l'Asie ; elles n'ont de communication avec aucune autre mer.

Vers le centre de l'Asie, on remarque le lac *Balkhach*, qui est sans écoulement.

Le lac *Baïkal*, dans le N. de l'Asie, s'écoule dans le fleuve Iéniseï.

Les lacs *Ladoga* et *Onéga*, dans le N. de l'Europe, s'écoulent dans la mer Baltique.

Vers le centre de l'Afrique, on voit le lac *Tchad*, qui paraît être sans écoulement ; le lac *Victoria* et le lac *Albert*, qui s'écoulent par le Nil dans la Méditerranée ; le lac *Tanganyika*, encore très-peu connu, et le lac *Nyassa*, qui s'écoule dans le Zambèze.

Dans le N. de l'Amérique septentrionale, on remarque le lac de l'*Esclave*, qui verse ses eaux dans la mer Polaire ; — le lac *Ouinipeg*, qui verse les siennes dans la mer d'Hudson ; — les lacs *Supérieur*, *Huron*, *Michigan*, *Érié* et *Ontario*, qui se déchargent dans l'Atlantique par le Saint-Laurent.

Dans le N. de l'Amérique méridionale, est le lac de *Maracaybo*, qui communique avec la mer des Antilles ; — dans l'O. de la même contrée, sur un plateau formé par les montagnes des Andes, on voit le lac *Titicaca*.

XVI. — DIVERSES RACES D'HOMMES, DEGRÉS DE CIVILISATION, RÉUNIONS D'HABITATIONS, GOUVERNEMENTS, RELIGIONS.

La population de toutes les parties de la Terre s'élève à environ 1 milliard 200 millions d'hommes, dont 300 millions en Europe, 700 millions en Asie, 100 millions peut-être en Afrique, 85 millions en Amérique, 35 millions en Océanie.

Il y a, dans l'espèce humaine, de grandes différences pour la couleur, les traits du visage, la forme de la tête, les cheveux, le langage et d'autres particularités.

D'après les principales différences, on a distribué les hommes en six *races* ou *variétés*, dont trois surtout très-importantes.

La race à laquelle nous appartenons en France est la race *blanche*, appelée aussi *caucasique*, parce que les types de cette race se trouvent au mont Caucase, entre la mer Caspienne et la mer Noire. Elle occupe l'O. de l'Ancien continent, c'est-à-dire l'Europe, la moitié occidentale de l'Asie et le N. de l'Afrique. A mesure qu'on avance dans des contrées plus chaudes, on observe que le teint de cette race devient plus brun, sans doute à cause de l'ardeur du soleil ; mais elle se reconnaît toujours à sa tête ovale, à sa bouche peu fendue, à ses cheveux fins et soyeux.

Les hommes de la race jaune habitent surtout l'est et le nord de l'Asie. Ils se font remarquer par leur visage large, leur tête à peu près ronde, leur couleur jaunâtre, leur bouche très-fendue, leur nez écrasé, leurs yeux très-longs, mais fort étroits et relevés du côté des tempes. Les cheveux sont noirs et roides.

Les nègres peuplent une grande partie de l'Afrique et le sud de l'Océanie. Ils ont la peau noire, le front aplati, les mâchoires très-avancées, les lèvres grosses, les dents fort longues, la bouche grande, le nez large et épaté, les cheveux laineux et crépus. La plupart sont encore sauvages ou très-peu civilisés.

Il y a, en outre, un assez grand nombre de populations noires (sans être de la race nègre), basanées, olivâtres et rougeâtres, qui se rapprochent plus ou moins des trois races précédentes.

Les hommes basanés qu'on nomme *Malais* habitent une grande partie de l'Océanie, surtout au nord-ouest.

Les indigènes de l'Amérique ont le teint rougeâtre.

Les hommes les plus civilisés forment les grandes associations qu'on nomme *peuples* ou *nations*.

Les hommes à demi civilisés ou tout à fait sauvages forment les *peuplades*, les *tribus*, les *hordes* et les *familles isolées*.

Les peuples et les nations ont des demeures fixes, c'est-à-dire des *maisons* solides, de pierres, de briques et de bois.

Les maisons sont ordinairement réunies en groupes : les plus petits groupes sont des *hameaux ;* on appelle *villages* les groupes un peu plus importants ; un *bourg* est plus considérable qu'un village ; enfin les plus grandes réunions de maisons s'appellent *villes* ou *cités*.

Les hommes à demi civilisés ou sauvages ont pour habitations des *tentes*, faites ordinairement de peaux d'animaux ; ils ont aussi des *huttes*, formées de branchages et de feuillages, ou de terre grossièrement disposée ; ils habitent quelquefois des *cavernes*.

Une grande étendue de terrain forme un *pays*, une *contrée* ou une *région*.

Un *État* est un pays soumis à un même gouvernement, et où règnent généralement les mêmes mœurs, le même langage.

Quand l'État est gouverné par un roi, c'est un *royaume ;* quand il l'est par un empereur, c'est un *empire ;* lorsqu'il est gouverné par la nation elle-même, ou par des chefs qu'elle nomme, ou par une classe de personnes qui se met à la tête du pouvoir, c'est une *république*.

Les hommes civilisés ont des travaux très-variés, qui se partagent en trois grandes divisions : les *arts*, les *sciences* et le *commerce*.

Les hommes à demi civilisés ont pour occupation, en général, le soin des troupeaux qu'ils conduisent de pâturage en pâturage ; ces pasteurs errants portent le nom de *nomades*.

Les hommes tout à fait sauvages ne connaissent guère que deux sortes de travaux : la *chasse* et la *pêche*.

Tous les hommes croient à l'existence d'une puissance supérieure qui gouverne le monde ; mais tous n'ont pas les mêmes idées sur cette puissance, et ne lui témoignent pas leur vénération de la même manière. Les uns adorent un seul Dieu ; ils se partagent en trois religions principales : le *christianisme*, qui règne chez les peuples les plus civilisés ; le *judaïsme* ou *mosaïsme*, ou la religion des juifs ; le *mahométisme*, ou la religion de Mahomet, appelée aussi *religion musulmane* ou *islamisme*. — Les autres adorent plusieurs dieux et sont *païens*.

EUROPE

—

XVII. — CONFIGURATION, LIMITES, MERS, GOLFES ET DÉTROITS DE L'EUROPE.

L'EUROPE est la plus petite partie du monde, mais c'est la plus civilisée.

Elle se trouve à peu près vers le milieu de l'espace renfermé entre l'équateur et le pôle. Le climat y est généralement tempéré. Le nord est froid cependant, et le sud assez chaud.

Cette partie du monde forme une grande presqu'île très-irrégulière, allongée du N. E. au S. O., large au N. E., mince au S. O., tenant au reste du continent par deux côtés, qui la rattachent à l'Asie : 1° à l'est, par le territoire sur lequel se trouvent les monts *Ourals* et le fleuve *Oural*, et qui s'étend entre l'océan Glacial arctique et le grand lac appelé mer Caspienne ; 2° au sud-est, par l'isthme du mont *Caucase*, entre la mer Caspienne et la partie de la Méditerranée qui se nomme mer Noire.

Dans toutes les autres directions, l'Europe est entourée par la mer.

Au nord, elle est bornée par l'océan Glacial ; à l'ouest, par l'océan Atlantique ; au sud, elle est séparée de l'Afrique par la mer Méditerranée et le détroit de Gibraltar.

Les côtes de l'Europe sont très-découpées ; beaucoup de mers s'y avancent profondément, et il y a un grand nombre de golfes, de baies et de presqu'îles.

L'*océan Glacial arctique* forme la mer *Blanche*.

L'*océan Atlantique* forme la mer *Baltique*, qui comprend elle-même les golfes de *Botnie*, de *Finlande* et de *Livonie* ; — la mer du *Nord*, qui comprend le golfe du *Zuider-zee* ; — la *Manche* ; — la mer d'*Irlande* ; — le *canal de Bristol* (qui est en réalité un golfe) ; — la mer de *France*, appelée aussi golfe de *Gascogne* ou mer de *Biscaye*.

La mer *Méditerranée* renferme la mer *Tyrrhénienne ;* — la mer *Adriatique ;* — la mer *Ionienne ;* — l'*Archipel* (anciennement mer *Égée) ;* — la mer de *Marmara ;* — la mer *Noire* (anciennement *Pont-Euxin)*, — et la mer d'*Azov.*

On distingue, dans la Méditerranée, les golfes du *Lion* et de *Gênes ;* — dans la mer Ionienne, les golfes de *Tarente* et de *Lépante.*

On passe de la mer Baltique dans la mer du Nord par les *détroits du Sund,* du *Grand Belt* et du *Petit Belt,* et par le *Cattégat.*

On passe de la mer du Nord dans la Manche par le *Pas de Calais ;*

De l'océan Atlantique dans la Méditerranée, par le détroit de *Gibraltar ;*

De la mer Tyrrhénienne dans la mer Ionienne, par le détroit appelé *Phare de Messine ;*

De la mer Adriatique dans la mer Ionienne, par le canal d'*Otrante ;*

De l'Archipel dans la mer de Marmara, par le détroit des *Dardanelles* (anciennement *Hellespont) ;*

De la mer de Marmara dans la mer Noire, par le canal de *Constantinople* (anciennement *Bosphore de Thrace) ;*

De la mer Noire dans la mer d'Azov, par le détroit *d'Iénikalé* (anciennement *Bosphore Cimmérien).*

XVIII. — PRESQU'ÎLES ET ISTHMES DE L'EUROPE.

Les côtes de l'Europe forment beaucoup de presqu'îles.

Au N., on remarque la péninsule *Scandinave* et la péninsule *Cimbrique,* qui s'avancent l'une en face de l'autre, à l'O. de la mer Baltique. La première est jointe au continent, vers le N. E., par l'isthme de *Laponie.*

A l'extrémité S. O. de l'Europe, est la péninsule *Hispanique,* qui tient à la France par l'isthme des *Pyrénées.*

Au S., on voit la péninsule d'*Italie,* qui a grossièrement la forme d'une botte.

On trouve encore au S. la péninsule *Turco-Grecque,* qui s'avance entre la mer Noire, l'Archipel et l'Adriatique, et qui se termine au S. par la presqu'île de *Morée* (anciennement *Péloponnèse*), jointe au continent par l'isthme de *Corinthe*.

Au S. E., entre la mer d'Azov et la mer Noire, est renfermée la presqu'île de *Crimée*, jointe au continent par l'isthme de *Pérékop*.

XIX. — ÎLES DE L'EUROPE.

Il y a en Europe un grand nombre d'îles.

Dans l'océan Glacial, on voit la *Nouvelle-Zemble;* c'est un pays peu connu, très-froid et inhabité.

Sur la côte N. O. de la péninsule Scandinave, on rencontre les îles *Lofoden*.

En s'avançant à l'O., on trouve les îles *Britanniques*, dont la principale est la *Grande-Bretagne*, l'île la plus considérable de l'Europe; les autres sont l'*Irlande*, les *Hébrides*, les *Orcades* et les îles *Shetland*.

Les îles *Anglo-Normandes*, dans la Manche, appartiennent aux îles Britanniques, quoiqu'elles soient plus voisines de la France.

Plus loin, vers le N. O., on voit les îles *Færœer*, et enfin l'*Islande*, grande île très-froide, plus voisine de l'Amérique que de l'Europe.

On rattache volontiers à l'Europe l'archipel glacial et inhabité du *Spitzberg*, situé à une assez grande distance au N. de la *Scandinavie;* mais on le place quelquefois parmi les terres américaines.

Entre le Cattégat et la mer Baltique, sont les îles *Danoises*, dont les principales sont *Seeland* et *Fionie*.

Dans la Méditerranée, on remarque, à l'E. de la péninsule Hispanique, les îles *Baléares*, dont les plus grandes sont *Majorque* et *Minorque*.

Près de l'Italie, sont les grandes îles de *Sicile*, de *Sardaigne* et de *Corse*, les îles *Lipari*, l'île d'*Elbe* et celle de *Malte*.

Dans la mer Ionienne, sont les îles *Ioniennes*, dont les principales sont *Corfou* et *Céphalonie*.

Dans l'Archipel, on trouve un très-grand nombre d'îles, dont les plus importantes sont *Négrepont* et les *Cyclades*.

Candie (anciennement *Crète*), au sud de l'Archipel, est la terre la plus méridionale de l'Europe.

XX. — CAPS ET ÉTENDUE DE L'EUROPE.

Le cap *Nord*, dans une des îles Lofoden, est à l'extrémité nord de l'Europe (en faisant abstraction de la *Nouvelle-Zemble* et du *Spitzberg*); — les trois *Finisterre*, l'un en France; le second dans la Grande-Bretagne, le troisième dans la péninsule Hispanique, sont vers les extrémités occidentales des trois principaux pays de l'ouest; — le cap *Saint-Vincent* et la pointe de *Tarifa* sont aux extrémités sud-ouest; — le cap *Matapan* forme l'extrémité sud de l'Europe continentale.

L'Europe a 5400 kilom. de longueur, du N. E. au S. E., depuis l'embouchure de la rivière Kara dans la mer de même nom jusqu'au cap Saint-Vincent; elle a 4000 kilomètres de largeur, du cap Nord au cap Matapan. Sa superficie est de 10 180 000 kilomètres carrés.

XXI. — MONTAGNES, PLATEAUX ET PLAINES DE L'EUROPE.

La seule grande chaîne de montagnes du N. de l'Europe est celle des monts *Dofrines* ou *Alpes Scandinaves*, dans la péninsule Scandinave.

La partie du milieu qui avoisine la mer du Nord et la mer Baltique comprend de grandes plaines. L'E. est aussi généralement plat. A mesure qu'on s'avance vers le milieu, le pays s'élève et forme de grandes chaînes de montagnes et des plateaux considérables. On rencontre les chaînes des *Carpathes*, des *Alpes*, du *Jura*, des *Vosges* et des *Cévennes*; les monts d'*Auvergne*; le plateau de la *Bohême*, le plateau *Central de la France*.

Dans le S., il y a d'autres grandes chaînes de montagnes: telles que les *Apennins*, en Italie; les *Pyrénées*, entre la France et l'Espagne; les monts *Ibériques* et la *Sierra Nevada*, dans l'intérieur de l'Espagne; le *Balkan* et les *Alpes Helléniques*, dans la péninsule Turco-Grecque.

Des plateaux assez élevés occupent l'intérieur des grandes presqu'îles du sud. Le plus remarquable est celui de la *Castille*, en Espagne.

Sur les frontières de l'Europe, sont les monts *Ourals* et le *Caucase*.

Les Pyrénées.

La plus haute des chaînes de montagnes qu'on vient de citer est le *Caucase*, dont le point culminant est l'*Elbrouz* (d'une altitude de 5600 m.).

Les *Alpes* viennent ensuite : leur sommet le plus élevé est le mont *Blanc* (4810 m.).

La *Sierra Nevada* est la troisième chaîne pour l'altitude ; le pic de *Mulahacen* y atteint environ 4000 mètres.

Les *Pyrénées* ont pour plus haut sommet le mont *Maladetta*, qui s'élève à environ 3500 mètres.

L'île de *Corse* est traversée du N. au S. par une haute chaîne de montagnes, qui atteint 2700 m.

Les principaux volcans de l'Europe sont l'*Etna*, en Sicile, et le *Vésuve*, dans la péninsule Italique.

Toute la région de la Méditerranée est le centre d'une action puissante de la chaleur intérieure du sol; des mouvements volcaniques y ont souvent lieu, et les tremblements de terre y sont fréquents. Plusieurs îlots volcaniques se sont récemment soulevés dans l'Archipel.

L'Islande, pleine de volcans, dont le plus célèbre est le mont *Hekla*, appartient plutôt à l'Amérique qu'à l'Europe.

XXII. — LIGNE DE PARTAGE DES EAUX ; VERSANTS ET GRANDS BASSINS MARITIMES.

L'Europe est divisée en deux versants : celui du N. et du N. O., incliné vers l'océan Glacial et l'océan Atlantique ; et celui du S. et du S. E., incliné vers la Méditerranée et la mer Caspienne. L'arête ou ligne de partage des eaux qui sépare ces deux versants, s'étend du N. E. au S. O., des frontières de l'Asie au détroit de Gibraltar. Elle s'élève souvent à peine au-dessus des plaines voisines, mais souvent aussi elle rencontre des montagnes importantes : elle passe par les monts *Ourals*, les monts *Valdaï*, les *Carpathes*, les *Sudètes*, les monts *Moraves*, les monts de la *Forêt de Bohême*, les montagnes des *Pins*, les *Alpes de Souabe* ou *Jura de Souabe*, la *Forêt-Noire*, les *Alpes*, le *Jura*, les *Vosges*, la *Côte d'Or*, ies *Cévennes*, les *Pyrénées*, les monts *Cantabres*, les monts *Ibériques* et la *Sierra Nevada*.

Chacun des deux versants généraux se partage en plusieurs bassins de mer.

Le versant du N. et du N. O. comprend les principaux bassins suivants : 1° bassin de l'*océan Glacial* proprement dit ; bassin de la *mer Blanche* ; 3° bassin de la *mer Baltique* ; 4° bassin du *Cattégat* ; 5° bassin de la *mer du Nord* ; 6° bassin de la *Manche* ; 7° bassin de la *mer d'Irlande* ;

8° bassin de la *mer de France* ou du *golfe de Gascogne* ;
9° bassin de l'*Atlantique* proprement dit.

Le versant du S. et du S. E. comprend à son tour les principaux bassins suivants : 1° bassin de la *Méditerranée* proprement dite ; 2° bassin de la *mer Tyrrhénienne* ; 3° bassin de la *mer Ionienne* ; 4° bassin de l'*Adriatique* ; 5° bassin de l'*Archipel* ; 6° bassin de la *mer Noire* et de la *mer d'Azov* réunies ; 7° bassin de la *mer Caspienne*.

XXIII. — FLEUVES PRINCIPAUX DE L'EUROPE.

Fleuves du versant du N. et du N. O. — La *Petchora* est le seul fleuve important qui se jette immédiatement dans l'océan Glacial. — La *Dvina septentrionale* et l'*Onéga* tombent dans la mer Blanche.

La mer Baltique reçoit au N. et au N. O., par le golfe de Botnie, le *Torneå* et le *Dal-elf* ; — à l'E., dans le golfe de Finlande, vient se jeter la *Néva*, fleuve court, mais large, qui sert d'écoulement au lac Ladoga ; — dans le golfe de Riga ou de Livonie, tombe la *Dvina méridionale*. — Au S., trois fleuves, le *Niémen*, la *Vistule*, l'*Oder*, coulant du S. au N., se rendent dans cette mer par des amas d'eau qui sont moitié lacs, moitié golfes, et qu'on appelle *haffs*.

Les principaux tributaires de la mer du Nord sont : l'*Elbe*, le *Weser*, le *Rhin*, grand et rapide fleuve qui descend des Alpes et se divise en plusieurs branches pour se jeter en partie dans le Zuider-zee et en partie dans la mer du Nord ; — la *Meuse*, qui reçoit quelques branches du Rhin ; — l'*Escaut*, peu long, mais qui a deux larges embouchures. — Tous ces fleuves coulent sur le continent, et généralement du S. au N. — La *Tamise*, l'*Humber* et le *Forth*, dans la Grande-Bretagne, coulent de l'O. à l'E., et se jettent aussi dans la mer du Nord.

La *Seine*, qui se dirige du S. E. au N. O., est le seul fleuve considérable qui se jette dans la Manche.

Dans la mer de France, se rendent, en coulant du S. E. au N. O., la *Loire* et la *Garonne*, qui vient des Pyrénées et qui prend le nom de *Gironde* après avoir reçu son principal affluent, la *Dordogne*.

La *Clyde* et la *Mersey*, qui sont peu longues, mais fort larges, se jettent dans la mer d'Irlande, en coulant de l'E. à l'O.

La *Saverne* ou *Severn* coule du N. au S. et débouche dans le canal de Bristol.

L'Atlantique reçoit immédiatement le *Shannon*, fleuve d'Irlande, dirigé du N. au S., et le *Minho*, le *Douro*, le *Tage*, la *Guadiana*, le *Guadalquivir*, qui coulent de l'E. à l'O., dans la péninsule Hispanique.

Fleuves du versant du S. et du S. E. — Un seul fleuve remarquable de la péninsule Hispanique se rend immédiatement dans la Méditerranée : c'est l'*Èbre*, qui coule de l'O. à l'E.

Dans le golfe du Lion se jette le *Rhône*, fleuve très-rapide, qui descend des Alpes et coule d'abord à l'O., puis au S.

Sur la côte occidentale de l'Italie, débouchent l'*Arno* et le *Tibre*, peu considérables, mais qui arrosent des lieux célèbres dans l'histoire. Ils viennent des monts Apennins, coulent généralement vers l'O., et se jettent, le premier, dans la Méditerranée proprement dite, le second, dans la mer Tyrrhénienne.

Les principaux tributaires de l'Adriatique sont le *Pô* et l'*Adige*, qui ont leurs sources dans les Alpes et coulent de l'O. à l'E.

La *Maritza* (anciennement *Hèbre*) va du N. au S. et s'écoule dans l'Archipel.

La mer Noire reçoit le *Danube*, qui sort de la Forêt-Noire, et qui a 3000 kilomètres de cours, de l'O. à l'E.. — Cette mer reçoit encore le *Dniestr* et le *Dniepr*, qui vont du N. au S.

Le *Don*, dirigé aussi du N. au S., se jette dans la mer d'Azov.

La mer Caspienne reçoit le *Volga*, le plus grand fleuve d'Europe (3500 kilomètres), qui vient des monts Valdaï et se dirige du N. O. au S. E. — Cette mer reçoit aussi l'*Oural* ou *Iaïk* (3000 kilomètres), qui descend des monts Ourals et coule du N. au S.

XXIV. — LACS.

C'est autour de la mer Baltique que l'Europe a le plus de lacs. Les plus grands versent leurs eaux dans le golfe de Finlande : le lac *Ladoga* s'y écoule par la Néva ; les lacs *Onéga*, *Saïma* et *Ilmen* sont tributaires du Ladoga ; le lac *Peïpous* envoie ses eaux à la côte S. de ce golfe.

Le lac *Mœlar* et le lac *Vetter*, dans la péninsule Scandinave, communiquent avec la mer Baltique.

Le lac *Vener*, dans la même péninsule, s'écoule dans le Cattégat.

Le lac de *Constance* est formé par le Rhin, et dans ce fleuve se rendent les eaux des lacs de *Zürich*, de *Lucerne* et de *Neuchâtel*, situés au pied des Alpes et du Jura.

Le lac de *Genève* ou lac *Léman*, un des plus beaux de l'Europe, est produit par le Rhône, au pied des Alpes.

Le Pô reçoit les eaux des lacs *Majeur*, de *Côme* et de *Garde*, qui sont aussi près des Alpes.

Le lac *Balaton*, au centre de l'Europe, au milieu de vastes plaines, s'écoule dans le Danube.

XXV. — CLIMAT ET PRODUCTIONS VÉGÉTALES DE L'EUROPE.

L'Europe est froide vers ses extrémités boréales, quoiqu'elle le soit moins que l'Asie et l'Amérique à la même latitude ; dans le midi, le climat est chaud, mais non brûlant, comme dans quelques parties de l'Asie ou de l'Afrique. En général, la température est douce et agréable, surtout dans les régions occidentales, qui reçoivent l'heureuse influence des vents de l'océan Atlantique et celle du courant du Golf (*Gulf Stream*), venu du golfe du Mexique. L'Europe, enfin, a l'avantage d'être limitée au S. par une vaste mer, qui adoucit beaucoup le climat.

Les principaux arbres fruitiers sont les pommiers, les poiriers, les pruniers, les abricotiers, les pêchers, qui peuplent presque partout les vergers, surtout dans les régions moyennes. Les châtaigniers et les noyers y sont répandus généralement.

Le cerisier est aussi l'un des arbres européens les plus communs et les plus intéressants : il s'avance fort loin vers le nord.

Les orangers, les citronniers, les cédratiers, les limoniers, les oliviers, les grenadiers, les figuiers, les amandiers, enrichissent de leurs produits les régions méridionales.

Les bois de construction sont surtout des chênes, des ormes, des frênes, des hêtres, des peupliers, des mélèzes, des sapins, des pins. — Les pins, les bouleaux, les trembles, les sorbiers, les saules, les aunes, sont les arbres qui s'avancent le plus au N. ; les sapins ensuite, puis les chênes, les frênes, les hêtres, les tilleuls, les peupliers, les noyers, les châtaigniers.

Les céréales (particulièrement le blé ou froment) et les pommes de terre sont les principaux objets de la culture. Le seigle, l'orge et l'avoine s'avancent au N. plus loin que le le froment. Le riz ne se trouve que vers le midi. Le maïs abonde aussi dans le midi, mais s'avance au nord bien plus loin que le riz, sans aller aussi loin que le blé.

La vigne abonde sur les coteaux des régions méridionales et centrales.

Le cotonnier et la canne à sucre se rencontrent au sud.

Le lin et le chanvre sont les principaux végétaux textiles européens.

Les plantes oléagineuses (à huile) sont, outre l'olivier, qui ne vient qu'au midi, le colza, la navette, l'œillette (pavot), qui abondent dans les régions moyennes.

Le safran et la garance sont les principales plantes à teinture. — Le tabac croît dans beaucoup de pays d'Europe.

XXVI. — PRODUCTIONS ANIMALES.

Parmi les animaux domestiques, le cheval, le bœuf, l'âne, le mouton, le porc, la chèvre, le chien, le chat, sont à peu près communs à toutes les contrées de l'Europe ; le renne est particulier aux régions les plus septentrionales ; le chameau ne se rencontre qu'au S. E.

Les principaux quadrupèdes sauvages sont le sanglier, l'ours, le loup, le cerf, le chevreuil, le daim, le renard, le lièvre, le lapin, le blaireau, l'écureuil, qui se trouvent dans presque toute l'Europe ; — le lynx, la loutre, le castor, le chat sauvage, les martres, qui habitent plus particulièrement les contrées du nord ; — le buffle, le bouquetin, le porc-épic, qui se rencontrent plutôt vers le sud ; — le chacal, qu'on ne voit qu'au S. E. ; — la marmotte et le chamois, qui se trouvent surtout dans les hautes parties des Alpes.

Les oiseaux de basse-cour, dans toute l'Europe à peu près. sont le coq et la poule, l'oie, le canard et le dindon.

Parmi les plus gros oiseaux sauvages que possède l'Europe, on peut nommer l'aigle, le faucon, le vautour, le cygne, la grue, la cigogne, le héron, le pélican.

Les plus jolis sont le martin-pêcheur, le pivert, le guêpier, le chardonneret. Parmi ceux qui chantent le plus agréablement, il faut citer le rossignol, le pinson, le serin, qui ne se trouve sauvage que dans le sud.

Parmi les reptiles, on n'a guère à redouter que la vipère. La couleuvre est fort commune.

Les poissons d'eau douce sont principalement les brochets, les carpes, les tanches, les perches, les truites. Les esturgeons remontent les grands fleuves de l'est. Dans la mer, on pêche surtout des maquereaux, des sardines, des anchois, des merlans, des soles, des turbots, des limandes, des raies, des thons, des harengs ; ces derniers sortent de l'océan Glacial au printemps et se répandent par légions innombrables sur les côtes occidentales.

Parmi les mollusques, il faut citer les huîtres, abondantes partout, et, dans la Méditerranée seulement, les jolis argonautes papyracés, les sépias, si utiles par leur couleur, et les pinnes, qui donnent une très-belle soie.

Les principaux crustacés sont les écrevisses, dans les eaux douces, et les homards, dans les eaux marines.

Le scorpion est un petit animal redoutable par son venin et assez commun dans le sud. On distingue la sangsue, utile en médecine ; le ver à soie, particulier aux régions méridionales ; l'abeille, répandue presque partout. L'éponge et le corail se pêchent dans la Méditerranée.

XXVII. — PRODUCTIONS MINÉRALES.

Il y a, dans un grand nombre de pays d'Europe, de riches

mines de fer, particulièrement en Scandinavie, en Angleterre, en Allemagne, en France ; le cuivre se trouve surtout
dans la péninsule Scandinave, en Angleterre, en Espagne,
et aux monts Ourals ; l'étain, dans la Grande-Bretagne ; l'or,
aux monts Ourals et aux monts Carpathes ; le platine dans les
monts Ourals ; l'argent, le plomb, en Allemagne, en France,
en Angleterre, en Espagne ; le mercure, en Espagne, en Autriche ; le zinc, en Belgique, en Allemagne.

Le soufre est fourni par l'Italie, par les îles qui l'envi-
ronnent et par l'Islande. L'ambre jaune se recueille aux
bords méridionaux de la Baltique. Le charbon de terre
abonde dans la Grande-Bretagne et vers les bords de l'Escaut,
de la Meuse, du Rhin, de la Loire, etc. La tourbe est commune dans toutes les parties basses des régions moyennes de
l'Europe.

XXVIII. — ÉTATS PRINCIPAUX DE L'EUROPE.

Il y a en Europe seize États principaux, dont *huit* sont
dans l'*intérieur du continent* et *huit* sont formés d'*îles* et de
presqu'îles.

Les États de l'intérieur du continent sont, en allant de
l'O. à l'E. : la *France* ; — la *Suisse* ; — la *Belgique* ; —
les *Pays-Bas* ; — le *Luxembourg* ; — l'*Allemagne* ; —
l'empire *Austro-Hongrois* ; — la *Russie*.

ÉTATS DE L'INTÉRIEUR DU CONTINENT, PARTIE OCCI-
DENTALE. — La **France** s'étend dans l'ouest de l'Europe,
sous le climat le plus tempéré de cette partie du monde,
entre l'océan Atlantique, la Méditerranée, les Vosges, les
Alpes et les Pyrénées. Elle forme une république, dont la
capitale est PARIS, sur la Seine. Les autres grandes villes
sont : *Lyon, Marseille, Bordeaux, Lille, Toulouse, Nantes,
Saint-Étienne, Rouen, le Havre. Versailles* est le siége du
gouvernement. (Voir la Géographie de la classe de septième.)

La **Suisse**, située au centre de l'Europe, à l'E. de la
France, se trouve entre les lacs de Constance et de Genève ;
les Alpes la couvrent au S., le Jura, à l'O. ; le Rhin l'arrose
à l'E. et au N. ; le Rhône au S. O. C'est une république, composée de vingt-deux cantons confédérés. La capitale de cette

confédération est BERNE. Les autres villes importantes sont : *Genève*, *Bâle* et *Zürich*.

La **Belgique** est un petit royaume, situé au N. E. de la France, sur les rives de l'Escaut et de la Meuse, et sur la côte méridionale de la mer du Nord. Elle a pour capitale BRUXELLES, et pour autres villes principales *Anvers*, port fameux sur l'Escaut, *Gand*, *Liége* et *Bruges*.

Le royaume des **Pays-Bas**, qu'on appelle aussi **Néerlande**, **Néderlande** ou **Hollande**, est baigné par la mer du Nord ; il entoure le golfe du Zuider-zee et les embouchures de l'Escaut, de la Meuse et du Rhin. Capitale, AMSTERDAM ; *La Haye* est la résidence du roi ; autre grande ville, *Rotterdam*.

Le grand-duché de **Luxembourg** est un petit État situé entre la Belgique, la France et l'Allemagne, et qui a pour souverain le roi des Pays-Bas, quoiqu'il ait son gouvernement indépendant. Capitale, LUXEMBOURG.

XXIX. — SUITE DES ÉTATS PRINCIPAUX DE L'EUROPE.

ÉTATS DE L'INTÉRIEUR DU CONTINENT, PARTIE DU MILIEU. — L'**Allemagne** est un empire, situé au centre de l'Europe, entre la mer Baltique, la mer du Nord, les Vosges, le Rhin et les Alpes, et composé de plusieurs États, dont le principal est le *royaume de Prusse*. Ce royaume, baigné par la Baltique et la mer du Nord, s'étend à l'E. jusqu'au delà du Niémen, et à l'O. il dépasse le Rhin. Ses principales divisions sont : le *Brandebourg*, la *Prusse propre*, la province de *Posen*, la *Silésie*, la province de *Saxe*, la *Poméranie*, le *Slesvig-Holstein*, la province de *Hanovre*, la province de *Hesse-Nassau*, la *Westphalie*, la province du *Rhin*. La capitale est BERLIN, capitale de tout l'empire d'Allemagne, sur la Sprée. Les villes principales ensuite sont : *Kœnigsberg*, *Dantzick*, *Stettin*, sur la mer Baltique ; *Breslau*, *Magdebourg*, *Hanovre*, *Cassel*, *Cologne*, *Coblentz*, *Aix-la-Chapelle*, *Francfort-sur-le-Main*.

Les autres principaux États de l'Allemagne sont :

La BAVIÈRE, capitale *Munich* ; autres villes importantes, *Nuremberg* et *Augsbourg*.

Le royaume de SAXE, qui a pour capitale *Dresde*, et pour seconde ville *Leipzig*.

Le royaume de WURTEMBERG, capitale *Stuttgart*.

Le grand-duché de BADE, capitale *Carlsruhe*.

Le grand-duché de HESSE, capitale *Darmstadt*; autre grande ville, *Mayence*.

L'ALSACE-LORRAINE, enlevée à la France en 1871 ; capitale *Strasbourg*.

Les duchés de SAXE ; — les grands-duchés de MECKLEN-BOURG et d'OLDENBOURG ; — le duché de BRUNSWICK ; — les villes libres de HAMBOURG, de BRÈME et de LUBECK.

XXX. — SUITE DES ÉTATS PRINCIPAUX DE L'EUROPE.

PARTIE ORIENTALE DES ÉTATS DE L'INTÉRIEUR DU CONTI-NENT. — L'empire d'**Autriche-Hongrie**, ou l'empire **Aus-tro-Hongrois**, s'allonge de l'O. à l'E., au S. E. de l'Allemagne ; il est traversé par le Danube et baigné au S. par la mer Adriatique. Les Alpes le couvrent au S. O., et les monts Carpathes à l'E. et au N. C'est un assemblage de pays très-différents entre eux par le langage et les mœurs. Les principaux sont : l'*archiduché d'Autriche*, le duché de *Salzbourg*, la *Bohème*, la *Moravie*, le duché de *Silésie*, le *Tyrol*, la *Styrie*, la *Corinthie*, la *Carniole*, le *Littoral Illyrien*, à l'O. ; — la *Galicie*, la *Hongrie*, la *Croatie*, l'*Esclavonie*, la *Transylvanie*, à l'E. ; — la *Dalmatie*, au S.

La langue allemande est parlée dans la partie occidentale de l'empire. Le hongrois, les langues slaves, le roumain et l'italien sont répandus ailleurs.

La capitale est VIENNE, sur le Danube, dans l'archiduché d'Autriche, qui est un des pays allemands de cette monarchie. — Autres villes importantes : *Prague*, dans la Bohème ; *Trieste*, port célèbre de l'Adriatique, dans le Littoral Illyrien ; *Buda-Pest*, capitale de la Hongrie ; *Lemberg* et *Cracovie*, dans la Galicie.

La **Russie** occupe tout l'E. de l'Europe, depuis l'océan Glacial jusqu'à la mer Noire, et depuis la mer Baltique jusqu'à la mer Caspienne. Elle est plus grande que le reste de l'Europe. Ce n'est cependant qu'une partie du vaste empire russe, qui s'étend aussi en Asie. — La capitale est SAINT-PÉ- TERSBOURG, à l'embouchure de la Néva dans le golfe de Finlande. Les autres villes importantes sont : *Moscou*, an- cienne capitale, au centre du pays ; — *Riga*, vers l'embou- chure de la Dvina méridionale dans la mer Baltique ; — *Odessa*, sur la mer Noire ; — *Astrakhan*, vers l'embou- chure du Volga dans la mer Caspienne ; — *Arkhangel*, vers l'embouchure de la Dvina du Nord dans la mer Blanche.

La Russie possède, au N. O , le grand-duché de *Fin- lande*, dont la capitale est *Helsingfors*, et, à l'O., l'ancien royaume de *Pologne*, dont la capitale était *Varsovie*, sur la Vistule.

XXXI. — SUITE DES ÉTATS PRINCIPAUX DE L'EUROPE.

ÉTATS DU NORD FORMÉS D'ILES ET DE PRESQU'ILES. — Des huit pays formés d'îles et de presqu'îles, il y en trois au nord, qui sont : les *Iles Britanniques*, le *Danemark*, la *monar- chie Scandinave.*

Le royaume des **Iles Britanniques**, qu'on appelle aussi **Royaume-Uni de Grande-Bretagne et d'Irlande**, est situé au N. O. de la France, entre la mer du Nord, l'océan Atlantique et la Manche.

La Grande-Bretagne renferme trois pays : l'*Angleterre*, le *pays de Galles* et l'*Écosse*. — La capitale de l'Angleterre est LONDRES, la plus grande ville d'Europe et le premier port de commerce du monde, sur la Tamise, vers la mer du Nord ; c'est en même temps la capitale de toutes les Iles Britan- niques. Les autres villes les plus importantes sont : au N., *Manchester*, enrichie par l'industrie du coton ; — *Liverpool*, port célèbre sur la mer d'Irlande ; — *Leeds*, ville manufac- turière ; — *York*, très-ancienne ; — au milieu, *Birmingham*, renommée par ses manufactures d'armes ; — au S. O., *Bristol*, port près du canal du même nom ; — au S., *Ply- mouth*, *Southampton* et *Portsmouth*, autres ports fameux, sur la Manche.

Le pays de Galles n'a pas de capitale ; la ville la plus im- portante est *Merthyr-Tydvil.*

L'Écosse a pour capitale *Édinbourg*, près du Forth, vers la mer du Nord ; — mais la plus grande ville est *Glasgow*, port sur la Clyde et vers la mer d'Irlande.

La capitale de l'Irlande est *Dublin*, port de la côte orientale de cette île. Les villes principales ensuite sont : *Belfast*, au N. ; *Cork* et *Limerick*, au S. O., trois ports très-commerçants.

Le royaume de **Danemark** est formé : 1° des îles Danoises, situées entre le Cattégat et la Baltique, et dont les principales sont *Sceland* et *Fionie* ; 2° de la partie nord de la péninsule Cimbrique, c'est-à-dire de la partie où se trouve le *Jutlond*. — La capitale est COPENHAGUE, dans l'île de Seeland et sur le Sund.

Du Danemark dépendent les îles *Fœrœer* et l'*Islande*, pays très-froid et couvert de montagnes volcaniques, dont la plus célèbre est le mont Hékla.

La **monarchie Scandinave** comprend la péninsule Scandinave, et se compose de deux grands pays : la **Suède**, dont la capitale est STOCKHOLM, résidence du roi de toute la monarchie, sur la mer Baltique — et la **Norvége**, capitale CHRISTIANIA, sur le golfe du même nom. Ce sont les États les plus septentrionaux de l'Europe.

Dans le nord de la Suède et de la Norvége, ainsi qu'en Russie, habitent les *Lapons*, peuple de très-petite taille.

XXXII. — SUITE DES ÉTATS PRINCIPAUX DE L'EUROPE.

ÉTATS DES PRESQU'ILES ET DES ILES DU SUD. — Il y a huit États dans les presqu'îles et les îles du sud ; ce sont : l'*Espagne*, le *Portugal*, l'*Italie*, la *Turquie*, la *Roumanie*, la *Serbie*, le *Monténégro* et la *Grèce*.

L'**Espagne**, est une république, qui occupe la plus grande partie de la **péninsule Hispanique**, située au S. O. de la France, entre l'océan Atlantique et la Méditerranée. Les pays principaux qu'elle renferme sont : la *Galice*, le *royaume de Léon*, la *Vieille-Castille*, la *Nouvelle-Castille*, les *Provinces Basques*, la *Navarre*, l'*Aragon*, la *Catalogne*, le *royaume de Valence*, le *royaume de Murcie*, l'*Andalousie*, l'*Estrémadure*. — MADRID, sur le plateau central de l'Espagne, en est la capitale. Les autres villes principales sont :

Barcelone, port célèbre sur la Méditerranée; *Saragosse;* *Valence; Carthagène, Malaga*, deux ports sur la Méditerranée; *Grenade, Séville; Cadix*, port sur l'Atlantique.

Rome. — Le pont Saint-Ange et Saint-Pierre.

Gibraltar, dépendante de l'Angleterre, est un autre port et une place très-forte.

La petite république d'*Andorre*, au milieu des Pyrénées, est sous la protection de l'Espagne et de la France.

Le **Portugal** est un petit royaume qui comprend la partie occidentale de la même péninsule. La capitale est LISBONNE, port illustre, vers l'embouchure du Tage; autre ville principale : *O Porto*, qui est un autre port, à l'embouchure du Douro.

L'**Italie**, qui s'étend entre les Alpes, la mer Adriatique, la mer Tyrrhénienne et la mer Ionienne, est composée, **en** très-grande partie, du ***royaume d'Italie***, où se trouvent le *Piémont*, la *Ligurie*, la *Lombardie*, la *Vénétie*, l'*Émilie*, la *Toscane*, l'*Ombrie*, les *Marches*, le territoire *Romain*, le territoire *Napolitain*, la *Sicile* et l'île de *Sardaigne*. — ROME, sur le Tibre, est la résidence du Pape. C'était la capitale des *États de l'Église*, qui ont été enlevés au Souverain Pontife, et on l'a proclamée la capitale du royaume d'Italie.. — *Florence*, sur l'Arno, dans la Toscane, a été la capitale pendant quelques années. — Autres villes importantes : *Turin*, sur le Pô, dans le Piémont ; — *Alexandrie* ; — *Gènes*, sur un golfe de même nom ; — *Milan*, ancienne capitale de la Lombardie ; — *Venise*, capitale de la Vénétie, au milieu des lagunes de la mer Adriatique ; — *Padoue* ; — *Vérone* ; — *Mantoue* ; — *Pavie* ; — *Parme* ; — *Modène* ; — *Livourne*, port célèbre de la côte de l'O. ; — *Pise*, — *Lucques*, — *Bologne*, — *Ferrare*, — *Ravenne*, — *Pérouse* ; — *Ancône*, *Brindisi*, ports de la côte orientale ; — *Naples*, sur la côte occidentale, la ville la plus peuplée de l'Italie, capitale du territoire Napolitain, qui est l'ancien royaume de Naples ; — *Palerme*, capitale de la Sicile, sur la côte N. de cette île ; — *Messine* et *Catane*, sur la côte orientale de la même île ; — *Cagliari*, capitale de la Sardaigne, sur la côte S. de cette île.

On remarque encore en Italie la petite république de *Saint-Marin*, et l'île de *Malte*, qui dépend de l'Angleterre.

XXXIII. — SUITE DES ÉTATS PRINCIPAUX DE L'EUROPE.

SUITE DES ÉTATS DU SUD. — La **Turquie d'Europe**, comprise entre la mer Noire, l'Archipel, la mer Adriatique et les monts Carpathes, et arrosée au N. par le Danube, n'est qu'une partie de l'empire Ottoman.

Elle a pour provinces principales : la *Romélie*, la *Bulgarie*, la *Bosnie* et l'*Albanie*.

La capitale de la Turquie est CONSTANTINOPLE, dans une situation admirable, sur le détroit qui joint la mer de Marmara à la mer Noire. Les autres villes principales de la Turquie proprement dite sont : *Andrinople, Salonique*, port sur l'Archipel, *Sophia*.

La **Roumanie**, située à gauche du Danube et touchant,

à l'E., à la mer Noire, est une principauté qui paye une redevance à la Turquie et qui est formée de la Valachie et de la Moldavie. La capitale est BUCAREST ; les autres villes principales sont *Iassi* et les deux ports commerçants de *Galatz* et de *Braïla*, sur le Danube.

La **Serbie** est une autre principauté tributaire de la Turquie et située sur la droite du Danube. Elle a pour capitale BELGRADE, sur ce fleuve.

Le **Monténégro** est une petite principauté enclavée dans le N. O. de la Turquie.

La **Grèce**, ou le royaume **Hellénique**, est à l'extrémité S. de l'Europe, entre l'Archipel et la mer Ionienne. La capitale est ATHÈNES, près de l'Archipel. — Les *îles Ioniennes* sont réunies à la Grèce.

XXXIV. — POPULATION DE L'EUROPE, COMPARAISON DES ÉTATS ET DES CAPITALES.

L'Europe contient environ 300 millions d'habitants.

La Russie d'Europe en renferme seule 72 millions. Tout l'empire Russe en a 82 millions.

Viennent ensuite l'empire d'Allemagne, qui renferme 41 millions d'habitants ; la France, 36 millions et demi ; l'Autriche, 36 millions.

Les îles Britanniques ont 32 millions d'habitants. Il y en a plus de 200 millions dans tout l'empire Britannique ; car cet empire possède de grands territoires en Asie, en Afrique, en Amérique et dans l'Océanie.

Le royaume d'Italie a 27 millions d'habitants. L'Espagne, 16 millions.

Les parties où il y a le plus de population sur une même étendue de terrain, sont la Belgique, les Pays-Bas, les îles Britanniques, l'Italie, ensuite l'Allemagne et la France.

Londres est la plus peuplée des capitales de l'Europe. On y compte plus de 3 millions et demi d'habitants.

Paris occupe le second rang par sa population, qui est de 2 millions d'habitants.

Les plus importantes capitales ensuite sont Constantinople (1 000 000 d'hab.), Vienne (1 000 000 d'hab.), Berlin (850 000 hab.), Saint-Pétersbourg (700 000 h.).

XXXV. — RACES AUXQUELLES APPARTIENNENT LES EUROPÉENS ; PRINCIPALES LANGUES EUROPÉENNES.

Les peuples qui composent la population de l'Europe sont de race caucasique, excepté les *Lapons*, les *Samoïèdes* et quelques autres nations peu considérables du N. et de l'E., qui appartiennent à la race mongolique.

Les principales familles des *langues* européennes sont :

1° La famille GRÉCO-LATINE, dont les langues sont dérivées du grec et du latin, et qui dominent dans le S. et le S. O. de l'Europe ; le *français* en fait partie ; et il s'y trouve aussi les langues *italienne, espagnole, portugaise, romane, roumaine, grecque, albanaise.*

2° La famille TUDESQUE ou GERMANIQUE, répandue dans le N., et dont font partie l'*allemand*, le *hollandais*, le *flamand*, l'*anglais*, le *suédois*, le *danois* (parlé en Norvége aussi bien qu'en Danemark).

3° La famille SLAVE, répandue dans l'E. de l'Europe, et où se trouvent les langues *polonaise, russe, bohème* ou *tchèkhe, wende, serbe*, et un assez grand nombre d'autres langues parlées dans des contrées situées entre la mer Baltique et la mer Noire.

4° La famille LITHUANIENNE (dans l'O. de la Russie et l'E. de la Prusse), parlant la langue *lettonne*.

5° La famille FINNOISE, qui s'étend dans le N. E. de l'Europe ; outre le finnois proprement dit, parlé en Finlande, on y remarque la langue *magyare* ou *hongroise*, séparée du reste des langues finnoises par un grand espace de terrain et répandue au milieu du bassin du Danube.

6° La famille CELTIQUE, dans l'O. de la France, dans l'O. et le N. de la Grande-Bretagne et en Irlande ; une des principales langues celtiques est le *bas-breton*, parlé dans l'O. de la Bretagne, en France.

7° La famille BASQUE qui se trouve dans l'O. des Pyrénées ; la langue basque, de même que les langues celtiques, est une des plus anciennes de l'Europe.

XXXVI. — RELIGIONS.

La religion *chrétienne* règne en Europe ; cependant la Turquie est, en partie, *musulmane*, et il y a quelque *bouddhistes* (adorateurs de Bouddha) à l'E., parmi ceux des peuples de Russie qui sont de la race mongolique.

Au S. et à l'O., les chrétiens sont généralement *catholiques* (en France, en Belgique, en Espagne, en Italie, en Portugal, en Irlande, dans une partie de la Suisse, de l'Allemagne, de l'empire Austro-Hongrois et de la Pologne).

Au N., au N. O. et dans plusieurs parties du milieu (dans la Grande-Bretagne, les Pays-Bas, une grande partie de l'Allemagne et de la Suisse, le Danemark, la Scandinavie), ils sont *protestants*, sous les noms de luthériens, de calvinistes, d'évangélistes, de presbytériens, d'anglicans, etc.

A l'E. et au S. E. (en Russie, en Roumanie, en Serbie, en Turquie, en Grèce, dans une partie de l'empire Austro-Hongrois), ils professent la *religion grecque*.

Les juifs ou israélites sont assez nombreux en Pologne, en Allemagne, dans l'Autriche-Hongrie.

Les *Bohémiens*, probablement sortis de l'Inde au moyen âge, et qui errent, par petites fractions, dans la plupart des contrées de l'Europe, sont païens, quoiqu'ils habitent au milieu des pays chrétiens et musulmans. Ils sont appelés, en Turquie, *Tchinganès ;* en Allemagne, *Zigeunes ;* en Angleterre, *Gypsies ;* en Espagne, *Gitanos*.

PARTIES DU MONDE HORS DE L'EUROPE

ASIE

XXXVII. — DESCRIPTION PHYSIQUE DE L'ASIE. — LIMITES, CLIMAT, MERS, GOLFES ET DÉTROITS.

L'ASIE, qui occupe la partie orientale de l'Ancien continent, est beaucoup plus grande que l'Europe ; elle s'avance bien plus loin vers le nord, et s'approche aussi bien plus de l'équateur. Il y fait très-froid au nord et très-chaud au sud.

Elle tient, vers l'O., à l'Europe et à l'Afrique par trois espaces de terre : le plus grand et le plus septentrional de ces espaces est le territoire des monts Ourals ; celui du milieu est l'isthme du Caucase, entre la mer Caspienne et la mer Noire ; le plus méridional est l'isthme de Suez, qui unit l'Asie à l'Afrique.

Partout ailleurs l'Asie est enveloppée par la mer.

Au N., elle est baignée par l'*océan Glacial arctique ;* à l'E., par le *Grand océan ;* au S., par l'*océan Indien.*

Le Grand océan forme les mers de *Beering* et du *Japon,* la mer *Jaune,* la mer de *Corée,* la mer *Bleue* et la mer de *Chine,* qui comprend les golfes de *Tonkin* et de *Siam.*

L'océan Indien forme le golfe du *Bengale,* la mer d'*Oman,* le golfe *Persique* et la mer *Rouge* ou le golfe *Arabique.*

L'océan Glacial communique avec la mer de Beering par le détroit de *Beering,* resserré entre l'extrémité N. E. de l'Asie et l'extrémité N. O. de l'Amérique.

On passe de la mer de Chine dans le golfe du Bengale par le détroit de *Malaka.*

La mer Rouge communique avec l'océan Indien par le détroit de *Bab-el-Mandeb.*

La mer Méditerranée, l'Archipel, la mer de Marmara, la

mer Noire et la mer Caspienne forment une assez grande partie de la limite de l'Asie à l'O.

XXXVIII. — PRESQU'ÎLES, CAPS, ÎLES ET ÉTENDUE DE L'ASIE.

Les côtes de l'Asie sont assez irrégulières, et l'on y voit beaucoup de presqu'îles.

A l'O., est la presqu'île de l'*Asie Mineure*, située entre la Méditerranée et la mer Noire.

Au S. O., on voit la vaste presqu'île d'*Arabie*.

Au S., sont deux grandes presqu'îles : l'*Hindoustan* ou la *presqu'île occidentale de l'Inde*, et l'*Indo-Chine* ou la *presqu'île orientale de l'Inde*, qui comprend elle-même la presqu'île de *Malaka*.

A l'E, on remarque la presqu'île de *Corée* et celle de *Kamtchatka*.

Le cap le plus boréal de l'Asie est le cap *Nord-Est ;* — le plus avancé à l'E. est le cap *Oriental*, sur le détroit de Beering ; — le plus méridional est le cap *Bourou*, à l'extrémité de la presqu'île de Malaka ; — le plus occidental est le cap *Baba*, dans l'Asie Mineure.

On remarque aussi le cap *Comorin*, à l'extrémité méridionale de l'Hindoustan.

On remarque dans le Grand océan la longue chaîne des îles *Kouriles*, à la suite du Kamtchatka ; l'île de *Sakhalien*, les îles du *Japon*, l'île *Formose* et l'île de *Haï-nan*.

Dans l'océan Glacial, les îles *Liakhov*, froides et inhabitées, et la terre *Wrangel*, récemment découverte au N. O. du détroit de Beering.

Dans l'océan Indien, se trouvent les îles *Andaman* et *Nicobar ;* l'île de *Ceylan*, une des plus belles du monde ; les îles *Laquedives* et la longue chaîne des îles *Maldives*, environnées de récifs dangereux.

Dans la Méditerranée, on voit l'île de *Chypre*, près et au S. de l'Asie Mineure.

Dans l'Archipel, sont les îles *Sporades*, dont la principale est *Rhodes*.

L'Asie a 10 200 kilomètres de longueur, du N. E. au S. O.,

depuis le cap Oriental jusqu'au détroit de Bab-el-Mandeb; elle a 8000 kilomètres de largeur, depuis le cap Nord-Est jusqu'au cap Bourou.

XXXIX. — PLATEAUX, MONTAGNES ET PLAINES DE L'ASIE.

Le sol de l'Asie est très-élevé vers le milieu : il y forme le *grand plateau Central*, qui renferme de grandes plaines désertes, et qui est entouré presque partout d'énormes montagnes. On remarque, parmi ces montagnes, les monts *Altaï*, au N., et les monts *Célestes*, à l'O. — A quelque distance au S. du plateau, sont les monts *Himalaya*, les plus hautes montagnes de la Terre.

Il faut aussi remarquer le *plateau de la Perse.*

Entre ces deux plateaux, est le *Caucase indien.*

Dans le S. de l'Hindoustan, sont les deux chaînes des *Ghattes.*

Sur la limite N. O. de l'Asie, s'étendent les monts *Ourals.*

Dans l'O., on remarque les hautes montagnes du *Liban*, du *Taurus* et du *Caucase*, et les monts *Ararat* et *Sinaï*, célèbres dans l'Histoire sainte.

Dans le nord de l'Asie, on rencontre presque partout des plaines froides et tristes.

Les plaines du S., au contraire, sont généralement très-fertiles et très-belles.

XL. — VERSANTS ET FLEUVES DE L'ASIE.

L'Asie est partagée en six grandes divisions naturelles, c'est-à-dire deux plateaux : le *plateau Central* et le *plateau de la Perse* ; — et quatre versants : le *versant du N.* ou de l'océan *Glacial* ; — le *versant de l'E.* ou du *Grand océan* ; — le *versant du S.* ou de l'océan *Indien* ; — le *versant de l'O.* ou des *mers intérieures* (mers Méditerranée, Noire, Caspienne et d'Aral).

On voit couler, sur e versant de l'océan Glacial : l'*Ob* ou *Obi*, l'*Iéniscï* et la *Léna.*

Sur le versant du Grand océan, l'*Amour* ou *Sakhalien-oula*, le *Hoang-ho* ou fleuve *Jaune*, le *Kiang* ou *Yang-tse-*

kiang (le plus long fleuve de l'Asie), le *Cambodge* ou *Mè-kong*, et le *Mè-nam*.

Sur le versant de l'océan Indien : l'*Ava* ou *Iraouaddy*, le *Brahmapoutre*, le *Gange*, qui se jettent dans le golfe du Bengale ; le *Sind* ou *Indus*, tributaire de la mer d'*Oman* ; enfin le *Tigre* et l'*Euphrate*, qui se réunissent et se jettent ensemble dans le golfe Persique.

Sur le versant des mers intérieures, l'*Oural*, le *Djihoun* ou *Amou-déria* (anciennement *Oxus*) et le *Sihoun* ou *Sir-déria*.

XLI. — LACS DE L'ASIE.

Les plus grands lacs de l'Asie sont la mer *Caspienne* et la mer d'*Aral*, placées sur le versant de l'O.

On remarque ensuite, sur le versant du N., le lac *Baïkal*, qui s'écoule dans l'Iéniseï.

Au milieu du grand plateau Central, ou tout près de ce plateau, on voit le lac *Lob*, le lac *Bleu* ou *Khoukhou-noor*, et le lac *Balkhach*.

Il y a, dans l'ouest, plusieurs lacs salés : les plus grands sont le lac de *Van* et le lac d'*Ormiah* ; mais le plus célèbre est le lac *Asphaltite* ou la mer *Morte*, dans un bassin profond, qui ne communique avec aucune mer. Ce lac reçoit au N. le *Jourdain*.

XLII. — CONTRÉES PRINCIPALES DE L'ASIE.

L'Asie comprend treize divisions principales.

Au nord, est la **Russie asiatique orientale**, comprenant la *Sibérie*, avec le *Turkestan russe*, la *Mongolie russe* et la *Mandchourie russe*.

Elle s'étend depuis les monts Ourals, la mer Caspienne et la mer d'Aral jusqu'au détroit de Beering et à la mer du Japon. C'est une contrée plus grande que l'Europe ; cependant elle ne renferme que 6 à 7 millions d'habitants, à cause de son climat généralement très-froid ; mais il y a des mines précieuses et beaucoup d'animaux à fourrures.

Les villes principales sont *Tobolsk*, *Irkoutsk*, *Tachkend*,

Samarkand. Parmi les peuples qui l'habitent, on distingue les *Kirghiz* et les *Ostiaks.*

A l'O., on remarque la *Transcaucasie*, la *Turquie d'Asie*, la *Perse*, l'*Afghanistan* et le *Turkestan.*

La **Transcaucasie**, ou la **Russie asiatique occidentale**, se trouve entre la mer Caspienne et la mer Noire, au S. du Caucase. La *Géorgie* est un des pays principaux qu'elle contient. La ville la plus importante est *Tiflis.*

La **Turquie d'Asie** s'étend entre la mer Noire, l'Archipel, la Méditerranée et le golfe Persique ; elle renferme plusieurs régions très-fameuses dans l'histoire : l'*Asie Mineure*, l'*Arménie*, la *Mésopotamie*, l'*Assyrie*, la *Babylonie* et la *Syrie* (dans laquelle se trouve la *Palestine* ou *Judée*).

Les villes principales sont : *Smyrne, Bagdad, Mossoul, Alep, Damas, Jérusalem.* — On y distingue des villes ruinées célèbres : *Troie, Éphèse, Ninive, Babylone, Palmyre, Tyr,* etc.

La **Perse**, qui s'appelle plus exactement **Iran**, est située entre la mer Caspienne, au N., et le golfe Persique et la mer d'Oman, au S. — TÉHÉRAN en est la capitale, les autres villes principales sont *Ispahan, Tauris* et *Chiraz.*

L'**Afghanistan**, ou royaume de **Caboul**, est compris presque entièrement dans la partie orientale du plateau de la la Perse. — Il a pour capitale CABOUL, et pour villes principales *Candahar* et *Hérat.*

Le **Turkestan occidental**, ou **Turkestan** proprement dit, qu'on appelle aussi **Tatarie occidentale** ou **Touran**, s'étend à l'E. de la mer Caspienne et vers la mer d'Aral. — Les plus importants pays qui s'y trouvent sont la *Boukharie*, capitale *Boukhara*, et la *Khivie*, capitale *Khiva.*

XLIII. — SUITE DES CONTRÉES PRINCIPALES DE L'ASIE.

Dans le centre et l'E. du continent asiatique, il y a deux états : l'empire *Chinois* et le *Turkestan oriental.*

L'**empire Chinois**, que ses habitants appellent l'*empire Céleste* ou l'*empire du Milieu*, est très-grand, mais moins vaste cependant que l'empire Russe. C'est le pays le plus peuplé du globe ; on en évalue la population à plus de 400 millions d'habitants.

Il contient cinq contrées principales. La plus importante est la *Chine propre*, qui est baignée par le Grand océan et qui est le cœur de l'empire, la partie où se trouve la plus nombreuse population; c'est un pays très-beau, très-industrieux, et dont la civilisation est fort ancienne. Une *grande*

Partie de Pé-king, vue de la muraille du Sud.

muraille a été élevée pour défendre la Chine au N.; mais, malgré ce rempart, elle a été conquise plusieurs fois par les peuples septentrionaux.

La capitale est PÉ-KING, très-grande ville, qui a environ 2 millions d'habitants; autres villes remarquables : *Nan-king, Sou-tcheou, Chang-haï, Canton*.

Les autres pays de l'empire sont : la *Mandchourie*, au N. E ; la *Corée*, à l'E. ; la *Mongolie*, au N., et le *Tibet* au S. O.

Le **Turkestan oriental**, à l'O. de l'empire Chinois, dont il a longtemps dépendu, forme aujourd'hui un état indépendant, qui a pour villes princip. *Iltchi, Yarkand, Kachgar*.

Le Japon est un empire tout composé d'îles, situé à l'E. de l'empire Chinois, et remarquable aussi par son industrie et sa civilisation. Ses principales îles sont *Nippon, Kiou-siou, Sikok et Yéso*. — La capitale est MYAKO, dans le sud de l'île de Nippon; résidence de l'empereur, qui est en même temps souverain pontife et qui a le titre de *mikado*. Mais la plus grande ville est YÉDO, seconde capitale, sur la côte orientale de la même presqu'île; c'était la résidence du vice-roi ou *taïcoun*, dont le pouvoir vient d'être renversé par le mikado.

Nagasaki, dans l'île de Kiou-siou, a été longtemps le seul port ouvert aux étrangers, et les seuls étrangers admis étaient les Chinois et les Hollandais; mais, depuis quelques années, on a ouvert d'autres ports (*Yokohama, Osaka,* etc.) et les Américains, les Français, les Anglais, les Russes, les Allemands, etc., ont aussi acquis le droit de commercer au Japon.

XLIV. — SUITE DES CONTRÉES PRINCIPALES DE L'ASIE.

Dans le sud de l'Asie, se trouvent quatre contrées : l'*Indo-Chine*, l'*Hindoustan*, le *Béloutchistan* et l'*Arabie*.

L'Indo-Chine ou la **presqu'île orientale de l'Inde**, située entre la mer de Chine et le golfe du Bengale, est partagée entre plusieurs nations :

Les **Anglais** en ont une partie, à l'O. et au S., et leurs villes principales y sont *Pégou, Rangoun, Singapour* (dans une petite île de même nom).

On remarque ensuite l'empire **Birman**, dont la capitale est MANDALÉ;

Le royaume de **Siam**, capitale BANGKOK;

L'empire d'**Annam**, capitale HUÉ, située dans la *Cochinchine* proprement dite;

La **Basse-Cochinchine**, possession française; capitale SAÏGON;

Le royaume de **Cambodge**, qui reconnaît la suzeraineté de la France; capitale PENOMPENG;

Enfin plusieurs petits États dans la presqu'île de **Malaka**.

L'Hindoustan, ou la **presqu'île occidentale de l'Inde**, ou simplement l'**Inde**, s'étend entre le golfe du Bengale, la mer d'Oman et les monts Himalaya. C'est une contrée très-riche et très-peuplée, dont la civilisation remonte à une haute antiquité.

Les **Anglais** ont la plus grande partie de l'Hindoustan ; la capitale de leurs possessions dans cette région est CALCUTTA, sur une branche du Gange, dans la province du *Bengale*. Ils ont aussi *Dehli, Agra, Bénarès, Madras, Bombay, Surate, Lahore*, etc.

Cachemire appartient à l'un des princes de l'Inde qui reconnaissent la suzeraineté de l'Angleterre.

Les **Français** possèdent *Pondichéry*, sur la côte de Coromandel ; *Chandernagor*, dans le Bengale, et plusieurs autres villes.

Les **Portugais** ont surtout l'île de *Goa*.

Le **Béloutchistan** s'étend à l'O. de l'Hindoustan, le long de la mer d'Oman. Capitale KÉLAT.

L'**Arabie**, située entre le golfe Persique, la mer Rouge et la mer d'Oman, est en partie composée de déserts ; cependant il y a aussi des régions fertiles : on y récolte le café le plus renommé. Elle est partagée en plusieurs États, et a pour villes principales *la Mecque, Médine, Sana, Moka, Mascate, Riad* et *Aden*, qui appartient aux Anglais.

XLV. — POPULATION DE L'ASIE.

La population de l'Asie est d'environ 700 millions d'habitants. Elle est de la race jaune dans la partie orientale ; elle appartient à la race blanche dans la moitié occidentale.

Parmi les peuples de la race blanche, il y en a cependant qui semblent s'en éloigner par leur couleur : tels sont les Hindous, qui ont une peau très-brune, quelquefois noire ; mais ils se rattachent aux nations blanches par leur conformation générale.

On trouve aussi, vers l'extrémité S. de l'Asie, quelques peuplades de la race malaise, particulièrement dans la presqu'île de Malaka.

La religion *musulmane* domine dans l'ouest ; les deux religions païennes connues sous les noms de *bouddhisme* et de *brahmisme* règnent dans la partie orientale et dans le sud.

XLVI. — PRODUCTIONS.

L'Asie possède un grand nombre de pierres précieuses, telles que rubis, turquoises, saphirs, cornalines, onyx, aigues-marines. Le sel forme d'épaisses croûtes dans plusieurs déserts.

L'or et le cuivre se trouvent dans plusieurs parties, principalement dans les régions du nord, du centre et de l'est. De riches mines de diamants ont été exploitées dans l'Hindoustan. Il y a de beaux graphites (pour faire les crayons) dans la Sibérie.

Le sud de l'Asie a une magnifique végétation : le cocotier ; le palmier corypha, aux feuilles immenses ; le dattier, aux fruits succulents; l'indigotier, qui donne une belle couleur bleue ; le cannellier, le poivrier, le camphrier, le figuier indien ou des Banians, si curieux par ses innombrables troncs ; le tek, précieux dans les constructions ; l'oranger ; le bambou, qui forme des taillis épais ; le bananier, aux feuilles majestueuses et aux énormes grappes de fruits ; le bois de sandal, d'une odeur agréable ; le caféier, le riz, le cotonnier, la canne à sucre, une foule d'autres plantes intéressantes, croissent en abondance dans ces fertiles régions.

L'ouest offre particulièrement des oliviers, de la vigne, des lentisques et des térébinthes, qui donnent le mastic et la térébenthine ; des cyprès et des cèdres, au port majestueux ; des cerisiers, des abricotiers, des pêchers, des figuiers. Les céréales communes en Europe y viennent parfaitement.

L'est possède le thé, l'arbre au vernis, la camellia, l'hortensia, l'arbre à cire, l'arbre à suif, le mûrier, etc.

La rhubarbe est particulière aux plaines arides du centre.

Dans le sud, on rencontre d'innombrables espèces d'animaux : des singes, des éléphants, dont les plus renommés sont ceux de Ceylan ; des tigres, qui habitent surtout le delta marécageux du Gange ; des perroquets, des argus, des paons, des faisans dorés et argentés, des crocodiles, des tortues.

On pêche les huîtres à perles dans le golfe Persique et sur la côte de Ceylan, et l'on trouve aux Maldives une grande quantité de cauris.

Le ver à soie nous est venu d'Asie, où il est élevé dans un grand nombre de pays, surtout au sud-est.

La chèvre qui donne le duvet à châles, l'yak, ou bœuf à queue de cheval, le chevrotain porte-musc, sont particuliers aux montagnes du centre.

Les chameaux sont les plus utiles bêtes de somme des régions occidentales et centrales.

Les chevaux de l'Arabie sont remarquables par leur élégance et leur vitesse.

Dans le nord, des martres, des hermines, des renards, donnent des fourrures d'un grand prix.

AFRIQUE.

XLVII. — DESCRIPTION PHYSIQUE DE L'AFRIQUE (LIMITES, MERS, GOLFES, CAPS, ETC.)

L'AFRIQUE occupe le S. O. de l'Ancien continent. C'est une grande presqu'île, jointe à l'Asie, vers le N. E., par l'isthme de *Suez*, qui est resserré entre la Méditerranée et la mer Rouge.

Elle est entourée par la mer de tous les autres côtés :

Au N., la mer *Méditerranée* et le détroit de *Gibraltar* la séparent de l'Europe.

L'océan Atlantique la baigne à l'O.

Au S. E. et à l'E., se trouve l'*océan Indien*. Cet océan forme le détroit de *Bab-el-Mandeb* et la mer *Rouge*, qui sont resserrés entre l'Afrique et l'Arabie ; il forme aussi le canal de *Mozambique*, qui sépare du continent la grande île de *Madagascar*.

L'Afrique, fort large au N., s'amincit beaucoup vers le sud.

Les côtes africaines sont régulières et uniformes. Cependant la Méditerranée y forme un grand enfoncement, partagé en deux golfes, nommés golfe de la *Sidre* et golfe de *Cabès* (anciennement *Grande Syrte* et *Petite Syrte*). — L'océan Atlantique forme le golfe de *Guinée*, qui comprend ceux de *Benin* et de *Biafra*.

L'Afrique a quatre caps principaux vers les quatre points cardinaux. Ce sont : le cap *Blanc*, au N. ; le cap des *Aiguilles*, au S. ; le cap *Vert*, à l'O., et le cap *Guardafui*, à l'E.

Il faut de plus remarquer, au N., le cap *Bon*, assez près du cap Blanc ; — à l'O., un autre cap *Blanc* ; — au S., le cap de *Bonne-Espérance*.

L'Afrique a 8000 kilomètres de longueur, du N. au S., et 7500 kilomètres dans sa plus grande largeur, de l'E. à l'O. Elle est environ trois fois plus grande que l'Europe.

C'est la plus chaude des cinq parties du monde. Elle offre un mélange de régions très-fertiles et de grands déserts sablonneux et arides : on y remarque surtout le *Sahara*, le plus vaste désert du globe.

Il y a encore dans l'intérieur de l'Afrique beaucoup de parties qui nous sont inconnues.

Une des plus hautes chaînes de montagnes est l'*Atlas*, au N. O. — Dans la partie orientale, on trouve les montagnes de *Sémen*.

Au centre, on a découvert récemment, près et au S. de l'équateur, les monts *Kénia* et *Kilima-Ndjaro*, qui paraissent être les plus hauts de cette partie du monde.

Au S. E., on remarque les monts *Lupata*.

Au S., les monts de *Neige*.

Dans la région renfermée entre les tropiques, les pluies sont périodiques, c'est-à-dire reviennent à des époques fixes : elles tombent abondamment durant plusieurs mois ; ensuite il se passe un assez long temps sans qu'il tombe une goutte d'eau. Ainsi, l'année de ces contrées ne se divise qu'en deux saisons : celle des pluies et celle de la sécheresse. Il y a des espaces fort étendus (comme une grande partie du Sahara) où il ne pleut jamais.

Cases des habitants du centre de l'Afrique.

Vers le N., l'Afrique envoie ses eaux dans la mer Méditerranée ; — vers l'O., dans l'océan Atlantique ; — vers l'E., dans l'océan Indien.

Il existe, au centre de cette partie du monde, des bassins au milieu desquels sont de vastes lacs.

Le plus grand des fleuves qui se jettent dans la Méditerranée est le *Nil*, formé par la jonction du *Nil Blanc* et du *Nil Bleu*. Le *Nil Blanc*, le plus étendu des deux, sort de grands lacs situés vers l'équateur.

Les principaux fleuves tributaires de l'océan Atlantique sont : le *Sénégal*, la *Gambie*, le *Kouara* ou *Niger*, le *Zaïre* ou *Coango*, la *Coanza* et le fleuve *Orange*.

Parmi les fleuves qui coulent du côté de l'océan Indien, on remarque surtout le *Zambèze*.

Le lac *Tchad* ou *Tsad*, au centre, est un des plus grands lacs d'Afrique.

A l'E., se trouve le lac *Dembéa* ou *Tana*, formé par le Nil Bleu.

Sous l'équateur, est un lac très-grand aussi, nommé *Oukéréré* ou *Victoria*, d'où sort, au N., le Nil Blanc.

Près et au N. O. de ce lac, s'étend le lac *Albert* ou *Mvoutan*, qui se trouve dans le cours du même fleuve.

Au S. de l'équateur, on remarque le lac *Tanganyika*, le lac *Nyassa* et le lac *Nyami*.

XLVIII. — CONTRÉES PRINCIPALES DE L'AFRIQUE.

L'Afrique est divisée en dix-huit contrées principales :

Au N. E., il y a trois pays arrosés par le Nil et situés vers la mer Rouge : ce sont l'*Égypte*, la *Nubie* et l'*Abyssinie*.

L'**Égypte**, située vers l'isthme de Suez, est baignée par la Méditerranée, au N., et par la mer Rouge, à l'E. ; elle est parcourue dans toute sa longueur par le Nil, et très-fertile sur les bords de ce fleuve, mais aride ailleurs. Son ancienne civilisation et les belles ruines qu'on y trouve l'ont rendue la plus intéressante des contrées de l'Afrique ; elle est gouvernée par un vice-roi ayant le titre de *khédive* et tributaire de l'empereur de Turquie.

Capitale, LE CAIRE, sur le Nil. — Autres villes principales : *Alexandrie*, *Rosette* et *Damiette*, sur la Méditerranée ; — *Suez*, sur la mer Rouge, au point où aboutit un canal qui coupe l'isthme et unit directement les deux mers ; — *Port-Saïd*, à l'autre extrémité du canal, sur la Méditerranée.

Parmi les villes ruinées, on distingue surtout *Thèbes*, au sud.

La **Nubie**, située au S. de l'Égypte, dépend presque entièrement du même vice-roi ; elle est traversée aussi par le

Nil. La ville principale est *Khartoum*, au confluent des deux Nils.

L'**Abyssinie** est une région montagneuse qui s'étend au S. E. de la Nubie, jusqu'au détroit de Bab-el-Mandeb. On y voit la source du Nil Bleu et le lac Dembéa. Elle a formé quelque temps un empire puissant, ayant pour capitale GONDAR.

Au N., le long de la Méditerranée, s'étend la **Barbarie** ou la **région Barbaresque**, longue contrée qui occupe presque toute la côte méridionale de la Méditerranée, et qui doit son nom aux *Berbères*, un de ses principaux peuples. Elle se divise en quatre parties : 1° Le royaume ou régence de *Tripoli*, capitale TRIPOLI. — 2° Le royaume ou régence de *Tunis* ou la *Tunisie*, capitale TUNIS, près de l'emplacement de l'ancienne *Carthage*. — 3° L'*Algérie*, aux Français, capitale ALGER ; villes principales : *Bône*, *Philippeville*, *Bougie*, *Oran*, sur la côte ; *Constantine*, dans l'intérieur. — 4° L'empire de *Maroc*, capitale MAROC ; autres villes : *Fez*, *Méquinez*, *Mogador*, *Tanger*, *Ceuta* (à l'Espagne).

XLIX. — SUITE DES CONTRÉES PRINCIPALES DE L'AFRIQUE.

Les pays d'Afrique baignés par l'Atlantique et situés au N. O., à l'O. et au S. O., sont : le *Sahara*, la *Sénégambie*, la *Guinée supérieure*, la *Guinée inférieure*, l'*Ovampie*, la *Hottentotie*.

Le **Sahara** ou **Grand Désert**, situé au S. de la Barbarie, est baigné à l'O. par l'Atlantique, et s'étend au loin dans l'intérieur. Il renferme un assez grand nombre d'oasis. Parmi les peuples qui l'habitent, on distingue les *Touareg*.

La **Sénégambie**, qui tire son nom du Sénégal et de la Gambie, est un pays très-fertile, mais trop chaud en général, et malsain dans plusieurs parties. Elle est partagée entre les Français, les Anglais, les Portugais et plusieurs peuples indigènes. Une des villes principales est *Saint-Louis*, aux Français, sur le Sénégal.

La **Guinée supérieure** ou **septentrionale** environne au N. et au N. E. le golfe de Guinée. On y remarque : la côte

de *Sierra-Leone* (aux Anglais); — la côte des *Graines* (où
se trouve la république de *Liberia*, peuplée de nègres ve-
nus de l'Amérique); — la côte des *Dents* ou d'*Ivoire* (où il

Cap de Bonne-Espérance. — Vue de la ville.

y a eu des établissements français); — la côte d'*Or* (où sont
des établissements anglais); — celle des *Esclaves*, où est le
royaume de *Dahomey;* — celle de *Benin;* — celle de *Gabon*
(avec un établissement français).

La plus grande et la plus civilisée des villes de la **Guinée**
supérieure est *Abbéokuta*, derrière la côte des Esclaves.

La **Guinée inférieure** ou **méridionale** renferme le
royaume de *Congo*, capitale *San-Salvador*, et la colonie
d'*Angola*, aux Portugais.

L'**Ovampie** a pour peuple principal les *Ovampo*.

La **Hottentotie** est ainsi appelée de ses habitants, les *Hottentots* ou *Quaqua*.

À l'extrémité sud de l'Afrique, entre l'océan Atlantique et l'océan Indien, est la **colonie du Cap**, qui appartient aux Anglais, et qui est terminée au S. O. par le cap de Bonne-Espérance, dont elle tire son nom. La VILLE DU CAP (ou simplement LE CAP) en est la capitale.

Au S. E. et à l'E., les pays baignés par l'océan Indien sont : la *Cafrerie maritime*, le *Mozambique*, le *Zanguebar* et le *Somâl*.

La **Cafrerie maritime**, habitée par plusieurs nations cafres, renferme la colonie anglaise de *Natal*.

La **capitainerie générale de Mozambique**, qui dépend des Portugais, s'étend en face de l'île de Madagascar ; sa capitale est *Mozambique*.

Le **Zanguebar** est partagé entre plusieurs États nègres et arabes, presque tous sous la domination du sultan de **Zanzibar**. La capitale de ce prince est ZANZIBAR, sur une île de même nom. On remarque aussi l'île et le port de *Mombas*.

Le **Somâl** est à l'extrémité E. de l'Afrique : on y voit *Zeïla*.

Dans l'intérieur de l'Afrique, on trouve la *Nigritie septentrionale*, la *Nigritie méridionale* et la *Cafrerie intérieure*.

La **Nigritie septentrionale** ou **Nigritie** proprement dite, appelée aussi **Soudan** ou **Takrour**, s'étend entre le Sahara et la Guinée supérieure, et depuis la Nubie jusqu'à la Sénégambie ; elle est traversée par le Niger ou Kouara, à l'O., et par le Nil Blanc, à l'E. ; le lac Tchad est au milieu.

C'est généralement une contrée belle et fertile.

Parmi les pays qu'elle renferme, on remarque le *Haoussa*, le *Bornou*, le *Baghirmi*, le *Ouadaï* et le *Darfour*. Les villes es plus commerçantes sont *Kano* et *Tombouctou*.

Le nom de Nigritie signifie pays des nègres : les populations nègres y sont, en effet, les plus nombreuses ; mais il y a aussi un peuple de couleur rougeâtre, très-puissant, nommé les *Fellata*, qui possède une grande partie de l'ouest et du milieu.

La Nigritie méridionale est la contrée la moins connue de l'Afrique ; le Nil y a sa source, et il s'y trouve les grands lacs Victoria, Albert, Tanganyika, Nyassa et d'autres. — L'*Ouniamouézi* et le *Londa* sont parmi les principaux pays qu'elle renferme.

La Cafrerie intérieure comprend un grand nombre de peuples, dont les principaux sont les *Betchouana* et les *Makololo*. — L'ancien empire du *Monomotapa* était dans cette partie de l'Afrique.

Les trois contrées de l'intérieur sont celles qu'il est le plus difficile aux Européens d'aborder ; aussi les voyageurs qui les ont parcourues se sont-ils acquis une grande célébrité par leurs courageuses explorations : on remarque particulièrement, dans ces derniers temps, Livingstone, Barth, Speke, Baker.

L. — POPULATION DE L'AFRIQUE. — ILES PRINCIPALES.

POPULATION. — On croit que l'Afrique renferme environ 100 millions d'habitants. Ceux du nord appartiennent à la race *blanche ;* mais ils sont généralement de couleur bronzée ; quelques-uns même ont le teint noir, tout en conservant la physionomie générale de la race caucasique. Les principaux sont : les *Berbères* (dont font partie les *Kabyles* et les *Touareg*) ; — les *Arabes ;* — les *Maures* (qui sont un mélange d'Arabes et d'autres populations) ; les *Tibous ;* — les *Coptes* (en Égypte) ; — les *Nubiens ;* — les *Abyssins ;* — les *Somâli*. — Il y a un assez grand nombre de *Turcs* dans l'Égypte et la Barbarie.

Les autres habitants de l'Afrique sont généralement des *nègres*, qui occupent à peu près tout ce qui se trouve au S. du Sahara, de la Nubie et de l'Abyssinie.

On remarque cependant, dans les régions moyennes, quelques peuples considérables qui sont plutôt rouges que noirs, et qui paraissent tenir le milieu entre ces deux races : tels sont les *Fellata*, les *Galla*, populations guerrières et entreprenantes. — Dans le S., les *Cafres*, dont la couleur est d'un gris d'ardoise, et les *Hottentots*, d'un jaune brun, diffèrent assez des nègres proprement dits.

Les peuples africains sont plongés dans un triste état de barbarie ; un grossier *fétichisme*, qui consiste dans l'adoration des animaux et d'objets inanimés, est la religion du plus grand nombre des nègres. Le mahométisme est répandu dans le nord, dans une grande partie des contrées centrales et sur une certaine étendue de la côte de l'océan Indien.

Les Coptes et les Abyssins sont chrétiens.

Un des plus révoltants usages de l'Afrique est la vente des esclaves. Les lois des nations civilisées s'opposent à ce commerce, qui se fait encore cependant sur beaucoup de points.

ÎLES DE L'AFRIQUE DANS L'OCÉAN ATLANTIQUE. — Les îles *Açores* sont belles et riches en excellents fruits, surtout en oranges, mais éprouvent souvent des tremblements de terre. Elles appartiennent au Portugal.

Les îles *Madère* dépendent aussi du Portugal. La plus grande, nommée également *Madère*, est fertile en vins renommés.

Les *Canaries*, dépendantes de l'Espagne, sont la plupart très-riches et très-belles. La plus considérable est *Ténérife*, célèbre par une haute montagne volcanique qu'on appelle le *Pic de Ténérife*. — La plus occidentale est l'île de *Fer*, autrefois le terme des connaissances géographiques vers l'ouest.

L'île de *Gorée*, près du cap Vert, est aux Français.

Les îles du *Cap-Vert*, soumises au Portugal, sont malsaines et exposées à de funestes sécheresses.

L'*Ascension* et *Sainte-Hélène* dépendent de l'Angleterre ; la seconde de ces deux îles est célèbre par l'exil et la mort de Napoléon Ier.

Fernan-do-Po, dans le golfe de Guinée, est à l'Espagne.

L'île du *Prince* et celle de *Saint-Thomas*, dans le même golfe, appartiennent aux Portugais.

L'île d'*Annobon* est aux Espagnols.

Les îles *Tristan da Cunha*, très-éloignées vers le S., sont à l'Angleterre.

ÎLES DE L'AFRIQUE DANS L'OCÉAN INDIEN. — *Madagascar* ou *Malgache* est une des plus grandes et des plus belles îles de la terre. Les habitants s'appellent *Madécasses* ou *Malgaches*. Ils sont divisés en plusieurs nations, dont la principale est celle des *Hova*. Cette nation a pour capitale *Tananarive*.

L'île de la *Réunion* (autrefois *Bourbon*) est l'une des plus importantes colonies françaises. Elle produit surtout beaucoup de café. Le chef-lieu est *Saint-Denis*.

L'île *Maurice* (autrefois *île de France*), que les Français ont possédée longtemps, appartient maintenant aux Anglais. C'est une belle colonie, qui a pour chef-lieu *Port-Louis*.

Rodrigue, à l'E. de Maurice, est aussi aux Anglais.

Les îles *Comores*, situées dans le **N.** du canal de *Mozambique*. appartiennent la plupart à des princes indigènes. L'une d'elles, *Mayotte*, dépend de la France.

Les îles *Séchelles* sont à l'Angleterre.

L'île de *Zanzibar*, sur la côte de Zanguebar, avec une ville de même nom, est la résidence d'un puissant sultan arabe.

L'île de *Mombas* ou *Mombaza*, sur la même côte, appartient au même sultan.

L'île de *Socotora*, à l'E. du cap Guardafui, est soumise à un prince arabe.

L'île de la *Désolation* ou la *Terre de Kerguelen*, placée bien loin au **S. E.** de l'Afrique, se compose entièrement de rochers arides.

LI. — PRODUCTIONS.

L'Afrique est la partie de l'Ancien continent la plus riche en or : ce métal s'y trouve surtout sous la forme de poudre, et y fait l'objet d'un grand commerce. Le cuivre et le fer sont assez abondants. Le sel est commun dans les déserts arides. Il y a dans le **S.** des mines de diamants.

Le froment, le riz, d'autres céréales nommées dourah et sorgho, l'orge, le maïs, le manioc, dont la racine donne une excellente farine, procurent, dans plusieurs contrées, de précieuses récoltes.

Le dattier se plaît au milieu des sables du **N.**, et les dattes y sont le principal aliment des tribus nomades. Les orangers, les citronniers, les cédratiers, se voient particulièrement sur les rives de la Méditerranée ; les pamplemousses, qui appartiennent à la même famille, préfèrent les régions du S. La vigne réussit également dans les parties les plus septentrionales et les plus méridionales, et dans les îles Madère et Canaries.

Le cocotier, le palmier élaïs, qui donne l'huile de palme; le bananier; l'acacia vrai, qui fournit la gomme arabique; le gigantesque baobab, le bombax ou fromager, le figuier indien, le dragonnier, intéressant par sa résine appelée sang-dragon; l'arachide ou noix de terre, qui fournit une huile abondante; d'énormes euphorbes, d'innombrables mimoses, sont communs dans les régions moyennes.

Dans le N. E., on récolte le séné, qui est l'objet d'un grand commerce.

Le caféier croît naturellement dans la partie orientale, et l'on pense même que cette plante précieuse est originaire de l'Afrique, d'où elle a été transportée en Arabie.

La canne à sucre, l'indigo et le cotonnier sont cultivés dans plusieurs parties.

Ce n'est qu'en Afrique que l'on trouve la girafe et le zèbre.

Les lions y sont plus nombreux que dans aucune autre partie du globe.

Le léopard, la panthère, l'hyène, le chacal, sont des animaux féroces répandus presque dans toutes les régions africaines.

L'éléphant, le rhinocéros, l'hippopotame, habitent dans les parties moyennes et méridionales.

Dans le N., il y a un grand nombre de chameaux.

On rencontre en beaucoup d'endroits la gazelle, la civette, qui produit la matière odorante du même nom. D'innombrables antilopes peuplent plusieurs contrées, surtout celles du sud; il y a de nombreuses espèces de singes, entre autres les chimpanzés, les gorilles, les mandrills, etc.

Parmi les oiseaux, on remarque l'autruche, qui erre dans les déserts du N.; l'outarde, la demoiselle de Numidie, la grue couronnée, l'ibis, révéré des anciens Égyptiens; la cigogne; les albatros ou moutons du Cap, énormes oiseaux aquatiques; les cormorans, les pintades, de belles espèces de coucous: de nombreuses variétés de perroquets, entre autres les jacos, qui apprennent le mieux à parler; des vautours; le messager ou secrétaire, etc.

On trouve le crocodile dans la plupart des fleuves ; parmi les serpents venimeux, on peut citer la vipère haje d'Égypte, et le céraste, qui se tient caché dans les sables des déserts.

Les mers d'Afrique sont peuplées de poissons curieux par l'éclat de leurs couleurs ou par la bizarrerie de leurs formes : tels sont les exocets ou poissons volants.

La coquille qui donne la pourpre se trouve sur les côtes de la Méditerranée.

Un des insectes les plus nuisibles de l'Afrique est le criquet, espèce de sauterelle, dont les nuées redoutables dévastent en un moment des provinces entières ; mais les habitants du désert en font un de leurs mets principaux.

Les scorpions sont très-nombreux.

Les fourmis blanches, ou termites, causent beaucoup de ravages.

La mouche tsétsé, qui fait périr les bœufs et les chevaux, se rencontre dans plusieurs contrées du sud.

Les plus belles espèces de corail sont communes sur les côtes septentrionales de l'Afrique.

AMÉRIQUE.

LII. — DÉCOUVERTE, LIMITES, MERS, GOLFES, DÉTROITS, PRESQU'ILES, ILES, CAPS ET ÉTENDUE DE L'AMÉRIQUE.

Les parties boréales de l'AMÉRIQUE furent découvertes au IXe et au Xe siècle par les Scandinaves, qui appelèrent *Groenland* et *Vinland* les contrées où ils abordèrent. Les parties équinoxiales et les plus riches furent découvertes en 1492 par Christophe Colomb, dont cette partie du monde aurait dû porter le nom ; elle a pris celui d'un voyageur florentin, Améric Vespuce, qui n'y arriva cependant qu'un peu après Colomb. Les premiers qui virent, au XVe siècle, la partie continentale (sur la côte E. de l'Amérique du N.), furent Jean et Sébastien Cabot, en 1494.

Elle s'allonge du N. au S., entre l'*océan Atlantique*, à l'E., et le *Grand océan*, à l'O.

Elle se termine en pointe vers le S. — Au N., vers l'*océan Glacial*, ses bornes sont encore peu connues, à cause des froids trop rigoureux et des amas de glaces.

L'Amérique se rétrécit beaucoup vers le milieu; sa partie la plus étroite est l'*isthme de Panama*, continué par celui de *Darien*.

Elle est divisée en deux grandes parties, unies entre elles par ce double isthme : l'une est l'*Amérique du Nord*, et l'autre l'*Amérique du Sud*.

Les côtes de l'Amérique du Nord sont très-irrégulières ; mais celles de l'Amérique du Sud sont uniformes.

L'océan Glacial forme la mer *Polaire de Kane*, ainsi nommée d'un voyageur qui la vit libre de glaces, malgré sa situation très-reculée vers le N. et au-delà de mers entièrement glacées; cet océan forme aussi la mer de *Baffin*.

L'océan Atlantique forme le détroit de *Davis*, qui sépare le Groenland du reste de l'Amérique ; — la mer d'*Hudson*, qui pénètre fort avant dans le continent ; — le golfe *Saint-Laurent*, sur la côte orientale de l'Amérique septentrionale ; — le golfe du *Mexique* et la mer des *Antilles*, entre les deux Amériques.

Vers l'extrémité méridionale de l'Amérique, se trouve le détroit de *Magellan*, qui sépare le continent de la Terre de Feu et qui porte le nom du navigateur dont le vaisseau a fait le premier tour de monde.

Du côté du Grand océan, on voit le golfe de *Panama*, le golfe de *Californie* (ou mer *Vermeille*), et la mer de *Beering*.

Au N. de cette dernière mer, est le détroit de *Beering*, situé entre la pointe N. O. de l'Amérique et la pointe N. E. de l'Asie.

On remarque, sur la côte orientale de l'Amérique du Nord, les presqu'îles de *Labrador*, de la *Nouvelle-Écosse* ou *Acadie*, de *Floride* et d'*Yucatan*.

A l'O., on voit la presqu'île de *Californie* et celle d'*Alaska*.

Terre de Feu.

Les îles les plus considérables répandues autour de l'Amérique sont le *Groenland*, l'*Islande*, *Terre-Neuve* et l'archipel du *Spitzberg*, au N. E. (mais ce dernier peut être rattaché à l'Europe); — les *Antilles*, à l'E.; — la *Terre de Feu*, au S.; — l'île de *Vancouver*, et les îles *Aléoutiennes*, au N. O.

Le cap le plus oriental de la partie continentale de l'Amérique du Nord est le cap *Charles*, dans le Labrador, et le plus avancé vers l'O. est le cap *Occidental*, sur le détroit de Beering.

L'Amérique du Sud s'amincit beaucoup vers le S., comme l'Afrique; elle a, comme elle, quatre caps remarquables vers les quatre points cardinaux: au N., le cap *Gallinas*; à l'E., le cap *Blanc* du Brésil; à l'O., le cap *Parina*; au S., le cap *Horn*. Mais ce dernier cap n'est pas sur le continent: il appartient à l'archipel de la Terre de Feu: l'extrémité continentale de l'Amérique vers le S. est le cap *Froward*, sur le détroit de Magellan.

On remarque, près de l'extrémité orientale de l'Amérique du Sud, le cap *Saint-Roch*, et, près de l'extrémité occidentale, le cap *Blanc* du Pérou.

L'Amérique continentale a environ 15 000 kilomètres de longueur, du N. au S.; sa largeur, de l'E. à l'O., varie beaucoup: elle n'est que de 45 kilomètres à l'isthme de Panama; elle va jusqu'à 5300 kilomètres dans les parties les plus larges de l'Amérique septentrionale et de l'Amérique méridionale. — Si l'on y comprend les îles, c'est la plus grande partie du monde.

LIII. — MONTAGNES, FLEUVES ET LACS, ASPECT ET CLIMAT DE L'AMÉRIQUE.

L'Amérique a de grandes chaînes de montagnes: la principale est celle qui parcourt le continent dans toute sa longueur; elle porte le nom de monts *Rocheux*, au N.; ceux de *Cordillère du Mexique* et de *Cordillère de l'Amérique centrale*, au milieu, et celui de *Cordillère des Andes*, au S.

On remarque, en outre, dans l'Amérique du Nord, vers la

côte occidentale, la *Sierra Nevada*, où se trouvent de riches mines d'or, et, vers l'E., les monts *Alleghany* ou *Apalaches*.

De vastes plateaux s'étendent entre plusieurs parties des chaînes américaines. Le plateau du *Mexique* est un des principaux.

Il y a dans le Nouveau continent beaucoup de grands fleuves et une infinité de lacs ; on y voit aussi d'épaisses forêts et des prairies très-étendues.

Le climat est extrêmement froid au N, ; il est froid aussi vers la partie la plus méridionale, mais fort chaud dans les régions du milieu, qui sont dans la zone torride ; cependant on jouit souvent, dans cette zone même, d'un climat très-tempéré sur les plateaux. Les régions équatoriales éprouvent des pluies périodiques semblables à celles de l'Afrique, et sont d'une fertilité prodigieuse.

L'Amérique est divisée en deux versants : l'un oriental, incliné vers l'océan Atlantique et l'océan Glacial ; l'autre occidental, incliné vers le Grand océan.

Sur le versant oriental, on remarque, dans l'Amérique du Nord :

Le *Mackenzie*, le fleuve de la *Mine de cuivre* et le *Back*, qui se rendent dans l'océan Glacial ;

Le *Saint-Laurent*, dont l'embouchure est très-large ;

L'*Hudson*, le *Potomac*, qui se jettent dans l'Atlantique ;

Le *Mississipi*, fleuve long de 4500 kilomètres, et tributaire du golfe du Mexique ; il reçoit le *Missouri*, qui a 5000 kilomètres de cours : un autre de ses plus grands affluents est l'*Ohio*.

Le *Rio Grande del Norte* se jette aussi dans le golfe du Mexique.

On ne voit sur le versant occidental de l'Amérique du Nord que deux fleuves importants :

L'un est le *Columbia* ou *Orégon*. L'autre est le *Rio Colorado*, qui se jette dans le golfe de Californie.

Il faut aussi remarquer le *Fraser* et le *Sacramento*, célèbres par les mines d'or qui se trouvent vers leurs bords ; et le *Youkon*, qui coule dans une région très-froide, encore peu connue, et se jette dans la mer de Beering.

L'Amérique méridionale n'a de grands fleuves que sur le versant oriental. On y remarque :

La *Madeleine* ou *Magdalena ;* l'*Orénoque ;*

Le fleuve des *Amazones,* ou simplement l'*Amazone,* appelé aussi *Marañon.*

Le *Tocantins ;* le *São-Francisco ;* le *Rio de la Plata,* fleuve très-large, formé par la réunion du *Parana* et de l'*Uruguay ;* le Parana se grossit lui-même du *Paraguay.*

Le principal de tous ces fleuves de l'Amérique méridionale est l'*Amazone,* qui a environ 5000 kilomètres de cours : c'est le fleuve le plus large du globe. Mais le plus long de tous est le *Mississipi,* joint au *Missouri :* ces deux cours d'eau forment ensemble un fleuve de plus de 7000 kil.

L'Amérique du N. est le pays où l'on trouve le plus de lacs.

Le lac des *Montagnes,* le Grand lac de l'*Esclave* et le Grand lac des *Ours* s'écoulent dans l'océan Glacial par le Mackenzie.

Le lac *Ouinipeg* s'écoule dans la mer d'Hudson.

Le lac *Supérieur,* le plus grand de l'Amérique, et les lacs *Huron, Michigan, Érié* et *Ontario* s'écoulent dans l'Atlantique par le fleuve Saint-Laurent.

Le lac Érié se verse dans le lac Ontario par la rivière *Niagara,* qui forme une cataracte célèbre.

Dans la partie de l'Amérique qui est resserrée entre la mer des Antilles et le Grand océan, est le lac de *Nicaragua ;* il s'écoule dans la mer des Antilles par la rivière *San-Juan,* et l'on projette de le faire communiquer au Grand océan par un canal.

Dans l'Amérique méridionale sont trois grands lacs :

Le lac de *Maracaybo,* joint à la mer des Antilles par un détroit.

Le lac *dos Patos,* sur la côte S. E.

Le lac *Titicaca* ou *Chucuyto,* à l'O., sur un plateau des Andes.

LIV. — CONTRÉES PRINCIPALES DE L'AMÉRIQUE.

L'Amérique septentrionale comprend 5 divisions : le

Groenland, l'*Amérique du Nord anglaise*, les *États-Unis*, le *Mexique* et l'*Amérique centrale*.

Vue de Montréal.

Le **Groenland** est un pays très-froid, dont on ne connaît pas les limites au N. ; il est composé d'une grande île et de plusieurs îles moins considérables. Il y a des colonies danoises sur la côte occidentale. Les indigènes sont les *Eskimaux* ou *Huskis*, peuple de très-petite taille.

A l'E. du Groenland, on trouve l'*Islande*, qui appartient au Danemark ; on y voit aussi l'archipel inhabité du *Spitzberg*, qui est couvert de rochers et de glaces et près duquel on fait une abondante pêche de baleines. Il peut être rattaché à l'Europe aussi bien qu'à l'Amérique, et se trouve au N. de la *Scandinavie*, dont il est comme une dépendance.

L'Amérique du Nord anglaise, qu'on appelle aussi **Nouvelle-Bretagne,** s'étend depuis l'océan Atlantique jusqu'au Grand océan. Elle renferme, au N., beaucoup d'îles et de presqu'îles, qui sont très-froides et très-peu connues.

A l'E., elle comprend l'important pays du *Canada*, qui a longtemps appartenu à la France, mais qui est aujourd'hui aux Anglais. Les villes principales sont *Ottawa*, capitale ; *Québec* et *Montréal*, sur le Saint-Laurent ; *Toronto*, sur le lac Ontario.

A l'E. encore, on remarque le *Nouveau-Brunswick* et la *Nouvelle-Écosse*, qui a pour capitale *Halifax*. — Ces deux pays, réunis au Canada et à quelques autres parties du continent, composent la *confédération Canadienne*.

Devant le golfe Saint-Laurent, se trouvent les îles du *Prince-Édouard* et de *Cap-Breton*, et la grande île de *Terre-Neuve*, sur la côte S. de laquelle sont les petites îles françaises de Saint-Pierre et de Miquelon. On nomme *grand banc de Terre-Neuve* un banc de sable célèbre par la pêche à la morue, et qui s'étend au S. E. de l'île à laquelle il doit son nom.

Au N. E., l'Amérique anglaise renferme le *Labrador*.

Sur le Grand océan, est la *Colombie britannique*, où se trouvent des mines d'or.

En face, s'étend l'île de *Vancouver*, qui est une colonie déjà florissante.

Un grand nombre de peuplades indigènes habitent l'Amérique du Nord anglaise : tels sont les *Eskimaux*, les *Algonquins*, les *Iroquois* (aujourd'hui presque éteints).

LV. — SUITE DES CONTRÉES PRINCIPALES DE L'AMÉRIQUE.

Les **États-Unis** occupent le milieu et la partie la plus tempérée de l'Amérique septentrionale, depuis l'océan Atlantique et le golfe du Mexique jusqu'au Grand océan. Ils forment une république, composée de 38 États confédérés.

La civilisation y est très-avancée, et il s'y trouve un grand nombre de villes florissantes.

En suivant la côte de l'océan Atlantique et ensuite celle du golfe du Mexique, on remarque les États de *Maine*, de *Massachusetts*, de *New-York*, de *Pennsylvanie*, de *Maryland*, de *Virginie*, de la *Caroline du Nord*, de la *Caroline du Sud*, de *Géorgie*, de *Floride*, d'*Alabama*, de *Mississipi*, de *Louisiane* et de *Texas*.

Dans l'intérieur, on distingue les États d'*Ohio*, de *Kentucky*, de *Tennessee*, d'*Indiana*, d'*Illinois*, de *Missouri*, etc.

A l'O., l'État de *Californie*, riche en mines d'or; celui de *Nevada*, riche en mines d'argent.

On voit aussi, à l'O., le territoire du *Nouveau-Mexique*.

On parle anglais dans une grande partie des États-Unis, car les plus anciens de ces États ont été dans l'origine des colonies anglaises.

La capitale est WASHINGTON, sur le Potomac.

Villes principales : A l'E., *Boston; New-York*, port célèbre et la plus grande ville d'Amérique (avec plus de 1 400 000 hab.); *Philadelphie, Baltimore, Richmond, Charleston*, toutes vers l'océan Atlantique.

Au S., la *Nouvelle-Orléans*, dans la Louisiane, sur le Mississipi, près du golfe du Mexique.

Au centre, *Saint-Louis*, vers le confluent du Mississipi et du Missouri; — *Cincinnati* et *Louisville*, sur l'Ohio; — *Chicago*, sur le lac Michigan.

A l'O., *San-Francisco*, dans la Californie.

Les États-Unis possèdent encore le *territoire d'Alaska*, qui s'avance en face de l'Asie, vers le détroit et la mer de Beering. C'est la ci-devant *Russie américaine*, cédée par les Russes aux États-Unis, en 1867. On n'en connaît bien que les côtes, qui sont froides et tristes.

La grande chaîne des îles *Aléoutiennes* se prolonge au S. O. de ce pays, jusque dans le voisinage du Kamtchatka.

LVI. — SUITE DES CONTRÉES PRINCIPALES DE L'AMÉRIQUE.

Le **Mexique** est un beau pays, situé au S. des États-Unis, entre le golfe du Mexique et le Grand océan.

Il appartenait autrefois à l'Espagne ; c'est aujourd'hui une république.

On y trouve les mines d'argent les plus riches du globe. Il y a aussi d'importantes mines d'or, et beaucoup d'acajou, de bois de teinture, de vanille, de cacao, de bananiers, de nopal à cochenille.

Capitale, MEXICO. Autres villes principales : *Vera-Cruz* et *Campêche*, sur le golfe du Mexique ; *Puebla* et *Guadalaxara*, dans l'intérieur.

Le Mexique comprend la presqu'île de *Californie*, à l'O., et celle d'*Yucatan*, à l'E. Les Anglais ont une portion de cette dernière.

On remarque, dans l'Yucatan et dans d'autres parties du S. E. du Mexique, d'anciens monuments très-beaux et très-vastes, qui ont été construits longtemps avant la découverte de Colomb, par un peuple inconnu.

L'**Amérique centrale** est une contrée longue et étroite, très-belle aussi, et renfermée entre le Grand océan et la mer des Antilles. Elle est située très-avantageusement pour les communications qu'on pourra établir d'un océan à l'autre par des canaux et des chemins de fer.

Elle se compose de cinq républiques :

Le *Guatémala*, avec une capitale de même nom.

Le *San-Salvador*, capitale SAN-SALVADOR.

Le *Honduras*,, capitale COMAYAGUA.

Le *Nicaragua*, capitale MANAGUA.

Le *Costa-Rica*, capitale SAN-JOSÉ.

LVII. — SUITE DES CONTRÉES PRINCIPALES DE L'AMÉRIQUE.

L'Amérique du Sud comprend 12 contrées :

La première qu'on trouve en entrant dans l'Amérique du Sud est la république de la **Nouvelle-Grenade** ou des **États-Unis de Colombie**, ancienne colonie espagnole, qui contient au N. O. le double isthme de Panama et de Darien, et qui est baignée à la fois par le Grand océan et la mer des Antilles. Elle est traversée par la Cordillère des Andes; ses côtes sont très-chaudes et peu salubres, mais l'intérieur a des plateaux tempérés et sains.

La capitale est BOGOTA. — Autres villes principales : *Carthagène*, au N. ; — *Panama*, au N. O., sur la côte méridionale de l'isthme de même nom, à l'extrémité d'un chemin de fer qui traverse cet isthme.

A l'E. de cette république, se trouve celle de **Vénézuéla**, sur la mer des Antilles, et sur les bords de l'Orénoque; c'est une ancienne colonie espagnole. La capitale est CARACAS. — Autres villes importantes : *Maracaybo, Ciudad-Bolivar.*

Il y a quatre contrées situées sur l'océan Atlantique, dans le N. E., l'E. et le S. E. de l'Amérique du Sud. Ce sont : la *Guyane*, le *Brésil*, l'*Uruguay*, la *confédération Argentine*.

La **Guyane** comprend la ***Guyane anglaise***, capitale *Georgetown* ou *Demerari ;* — la ***Guyane hollandaise***, cap. *Paramaribo ;* — la ***Guyane française***, cap. *Cayenne.*

Il y a, en outre, une ***Guyane vénézuélienne***, dans le S. du Vénézuéla, et une ***Guyane brésilienne***, dans le N. du Brésil.

Le **Brésil** est un empire très-vaste et un très-beau pays, riche en plantes, en mines de toutes sortes, et qui occupe le centre et l'E. de l'Amérique méridionale. Il a longtemps appartenu au Portugal. Sa capitale est RIO-DE-JANEIRO, sur une baie du même nom. — On y remarque aussi *São-Salvador* ou *Bahia*, et *Pernambouc*, ports très-commerçants.

La république de l'**Uruguay**, placée à l'E. de la rivière Uruguay et au N. du rio de la Plata, a pour capitale MONTÉVIDÉO, sur le rio de la Plata.

La **confédération Argentine**, ou **confédération de la Plata**, qui s'étend depuis l'embouchure du rio de la Plata jusqu'aux Andes, a un climat salubre et un sol très-riche ; la capitale est BUENOS-AYRES, sur le rio de la Plata.

Dans l'intérieur, se trouve la république du **Paraguay**, très-beau pays, situé entre le Paraña et le Paraguay : la capitale est L'ASSOMPTION.

A l'O., vers le Grand océan, sont quatre républiques, qui ont été des possessions espagnoles.

L'une est la république de l'**Équateur**, couverte par une des parties les plus hautes des Andes; elle a pour capitale QUITO et pour autre ville importante *Guayaquil*.

Le seconde est le **Pérou**, traversé par les Andes et qui renferme les sources de l'Amazone. LIMA en est la capitale; *Cuzco*, la seconde ville.

Ensuite on remarque la **Bolivie**, couverte aussi par les Andes, qui y sont très-élevées.

La capitale est CHUQUISACA, LA PLATA ou SUCRE. Autres villes remarquables : *Potosi*, célèbre par ses mines d'argent, et *la Paz*, par ses mines d'or.

Le **Chili**, long et étroit, est resserré entre le Grand océan et les Andes, dont le sommet culminant est sur la limite de ce pays. Il a un sol très-fertile et un climat très-doux, mais il est exposé aux éruptions des volcans et aux tremblements de terre.

La capitale est SANTIAGO. Autre ville importante, *Valparaiso*, port très-commerçant.

La grande île de *Chiloé* est située au sud de cette république, et en dépend.

A 650 kilomètres à l'ouest du Chili, se trouvent les îles de *Juan Fernandez*, sur l'une desquelles fut abandonné, en 1709, le marin écossais Alexandre Selkirk, dont les aventures ont fourni le sujet de l'ouvrage intitulé *Robinson Crusoé*.

La **Patagonie**, à l'extrémité méridionale de l'Amérique, est resserrée entre le Grand océan et l'océan Atlantique ; c'est un pays triste et froid, habité par des peuples sauvages qu'on nomme *Patagons*, célèbres par leur taille élevée.

A côté de la Patagonie, vers le S., se trouve l'archipel de la *Terre de Feu*, séparé du continent par le détroit de Magellan, et où règne un climat très-froid.

A l'E., on rencontre les îles *Malouines* ou *Falkland*, où les Anglais ont un établissement.

Fort loin au S. des îles Malouines et de la Terre de Feu, se trouvent quelques terres couvertes de glace et que l'on connaît peu : tels sont les archipels des *Orcades méridionales* et du *Nouveau-Shetland méridional*.

LVIII. — ILES ANTILLES.

Entre l'Amérique du Nord et l'Amérique du Sud, sont les *Antilles*, appelées aussi *Indes occidentales;* elles se trouvent devant le golfe du Mexique et la mer des Antilles.

On les partage en 4 parties principales :

1° Au N., les îles **Lucayes** ou **Bahama**, appartenant aux Anglais : ce sont les premières terres d'Amérique que vit Christophe Colomb en 1492.

2° Au milieu, les **Grandes Antilles**, c'est-à-dire *Cuba*, *Haïti*, la *Jamaïque* et *Puerto-Rico*.

Cuba, magnifique île, la plus grande des Antilles, et allongée de l'O. à l'E., est soumise à l'Espagne ; elle a pour capitale *la Havane*.

Haïti ou **Saint-Domingue**, autre île très-belle, forme deux divisions distinctes : à l'O., la république d'Haïti, qui est une ancienne possession française, et qui a pour capitale *Port-au-Prince;* — à l'E., la république Dominicaine, ancienne colonie espagnole, avec *Saint-Domingue* pour capitale.

La **Jamaïque** appartient aux Anglais.

Puerto-Rico est aux Espagnols.

3° A l'E., se trouvent les **Petites Antilles**, qui forment une longue chaîne, dirigée du N. au S. On les appelle quelquefois **îles Caraïbes**, à cause des peuples de ce nom qui les habitaient anciennement ; souvent aussi on les nomme **îles du Vent**, parce qu'elles sont exposées aux vents alizés ou vents de l'E., qui soufflent constamment dans ces parages. — La plupart de ces îles sont très-fertiles et d'un bel aspect ; on y récolte surtout du sucre, du café et du coton. Les tremblements de terre et les ouragans y font souvent des ravages.

Les plus importantes sont la *Guadeloupe* et la *Martinique*, à la France ; — *Antigoa*, la *Dominique*, *Sainte-Lucie*, *Saint-Vincent*, la *Barbade*, la *Grenade* et la *Trinité*, à l'Angleterre.

4° Au S., on remarque les **îles sous le Vent**, très-voisines de l'Amérique méridionale ; les principales sont la *Marguerite*, au Vénézuéla, et *Curaçao*, aux Hollandais.

LIX. — POPULATION DE L'AMÉRIQUE.

La population de l'Amérique est de 85 millions d'habitants; c'est la partie du monde la moins peuplée en proportion de l'étendue.

Une grande partie de cette population est d'origine européenne : ce sont surtout les *Espagnols*, les *Français*, les *Anglais* et les *Portugais* qui ont conquis et peuplé le Nouveau monde.

Il y a aussi en Amérique beaucoup de *nègres*, d'origine africaine; quelques-uns sont encore esclaves, particulièrement dans les colonies espagnoles; mais la plupart sont libres.

On nomme *mulâtres* les personnes qui sont nées de blancs et de nègres, et *quarterons* celles qui sont nées de blancs et de mulâtres. On donne le nom de *gens de couleur* aux nègres, aux mulâtres, aux quarterons, à tous ceux enfin qui ont plus ou moins de sang nègre.

Les indigènes américains sont appelés *Indiens*, parce qu'à l'époque de la découverte de l'Amérique on la prit pour les îles de l'Inde les plus avancées vers l'E. Ces indigènes sont en général grands et bien proportionnés. Ils ont la peau d'un rouge de cuivre ou d'un jaune rougeâtre, quelquefois d'un brun olivâtre; ils ont les cheveux noirs, lisses et durs, et peu de barbe. La plupart ne composent que de petites peuplades sauvages et plongées dans les superstitions du fétichisme.

Le christianisme est répandu chez les autres populations de l'Amérique.

LX. — PRODUCTIONS.

L'Amérique a de riches mines d'or et d'argent; ces métaux abondent surtout dans la Cordillère du Mexique, la Cordillère des Andes, les montagnes du Brésil et la Sierra Nevada, en Californie. Le cuivre est exploité surtout vers le lac Supérieur et au Chili. Il y a, dans l'Amérique méridionale, d'importantes mines de diamants, d'émeraudes, de platine.

La houille et le pétrole abondent vers les monts Alleghany. La végétation américaine est très-variée et très-belle. Parmi les arbres des forêts du nord de l'Amérique, on peut citer le magnolia, le tulipier, l'acacia ; des pins, des sapins, qui atteignent une prodigieuse hauteur ; des cèdres, des cyprès, etc.

Dans les parties équinoxiales, on voit le cotonnier, le caféier, la canne à sucre, le cacaoyer, l'indigotier, l'agave, curieux par sa prompte croissance et ses nombreux usages ; le bananier, l'igname, le manioc, la vanille, qui grimpe et s'entrelace autour des grands arbres ; les cactus ; de magnifiques palmiers ; les bois de teinture connus sous les noms de campêche et de brésil ; l'acajou, qui fournit un bois précieux pour l'ébénisterie ; le quinquina, dont l'écorce est un fébrifuge si renommé ; l'ipécacuana et le jalap, autres plantes médicinales célèbres. L'Amérique est la patrie des pommes de terre et du tabac.

Les animaux domestiques de l'Europe ont été transportés en Amérique et s'y sont partout multipliés. Les chevaux et les bœufs se trouvent à l'état sauvage en beaucoup d'endroits.

Les singes sont fort nombreux dans les parties équinoxiales.

Les quadrupèdes principaux des régions du nord sont les élans, les rennes, les ours, les loups, les bisons, les chats-bais ou chats-cerviers, les castors, les hermines, les martres, les renards, les loutres, et d'autres animaux à fourrure. Dans les contrées chaudes, surtout dans la partie méridionale de la zone torride, on remarque le lama, la vigogne, l'alpaca, qui rappellent un peu, mais en petit, les chameaux de l'Ancien-Monde ; le jaguar, qui habite les forêts marécageuses ; le couguar, ou tigre rouge.

Le condor, ou grand vautour des Andes, est, de tous les oiseaux, celui qui s'élève le plus haut dans les airs. Le roi des vautours, ou irubi, qui a un plumage agréablement varié, vit dans l'Amérique équinoxiale. Les régions équatoriales renferment encore les perroquets, parmi lesquels on distingue les aras, les perruches ; — les colibris, les oiseaux-mouches, si curieux par leurs vives couleurs et leur petitesse. L'autruche américaine (ou le nandou) se trouve dans le S. de l'Amérique méridionale. Le dindon et le canard musqué sont originaires de l'Amérique.

Le plus redoutable des serpents venimeux américains est le crotale ou serpent à sonnettes ; le crocodile appelé alligator ou caïman est commun dans les fleuves des parties chaudes.

OCÉANIE.

—

LXI. — SITUATION ET DISTRIBUTION DE L'OCÉANIE. MALAISIE. — MÉLANÉSIE.

SITUATION ET DISTRIBUTION DE L'OCÉANIE. — Cette partie du monde, appelée aussi *Monde Maritime*, est située au S. E. de l'Asie et à l'O. de l'Amérique; elle se compose du continent de l'Australie et d'un grand nombre d'îles.

Toutes ces terres sont répandues dans le Grand océan, ou entre cet océan et l'océan Indien.

C'est la partie du monde qui embrasse le plus vaste espace; mais une étendue considérable de cet espace est occupée par la mer. En réalité, la surface des terres de l'Océanie égale à peu près celle de l'Europe; cependant la population s'élève à peine à 35 millions d'habitants.

On partage l'Océanie en cinq divisions : la *Malaisie*, à l'O.; — la *Mélanésie*, au S. O.; — la *Micronésie*, au N.; — la *Polynésie*, à l'E.; — les *Terres antarctiques*, au S.

MALAISIE. — La *Malaisie* est ainsi appelée des Malais, qui en forment la population principale; elle se nomme aussi *archipel Asiatique* ou *archipel Indien*. L'équateur la traverse.

On y remarque cinq parties principales : les îles de la *Sonde*, l'île de *Bornéo*, l'île de *Célèbes*, les îles *Moluques* et les îles *Philippines*.

Les îles de la **Sonde** forment une longue chaîne, dirigée du N. O. au S. E. — Les plus considérables sont *Sumatra*, *Java* et *Timor*. Les Hollandais ont d'importantes possessions dans ces îles, surtout à Java, qui est très-peuplée et très-riche en productions variées, comme le sucre, le coton, le café, le fruit à pain, etc. — Dans cette dernière île se trouve BATAVIA, chef-lieu de leurs établissements dans l'Océanie.

Bornéo, située sous l'équateur et d'une forme presque ronde, est la plus grande île de la *Malaisie;* elle est partagée entre les chefs indigènes et les Hollandais. La ville principale de l'île est *Bornéo*, résidence d'un sultan. — Il y a dans ce pays de célèbres mines de diamants.

L'île de **Célèbes** est remarquable par sa forme très-irrégulière, par sa magnifique végétation et par ses mines d'or. Les Hollandais en possèdent une grande partie

Bornéo. — Résidence d'un sultan.

Les **Moluques**, ou **îles aux Épices**, appartiennent aussi en grande partie aux Hollandais. Elles produisent les clous de girofle et les muscades. Les principales sont *Gilolo*, *Céram* et *Amboine*.

Les îles **Philippines**, très-bel archipel, forment la partie la plus septentrionale de la *Malaisie*. Les principales de ces îles, presque entièrement au pouvoir des Espagnols, sont *Luçon* et *Mindanao*. — MANILLE, dans l'île de Luçon, est la capitale de leur colonie des Philippines.

MÉLANÉSIE. — Le nom de *Mélanésie* indique que la population de cette région est composée de *noirs*.

La terre principale de la Mélanésie est l'**Australie** ou **Nouvelle-Hollande.** Elle forme un continent, long de 4500 kilom. et large de 2000 ; son étendue peut être comparée aux trois quarts de l'Europe. Elle appartient à l'Angleterre.

Il y a sur la côte N. le golfe de *Carpentarie.*

Le cap *York* est le point le plus septentrional de l'Australie, et le cap *Wilson*, le point le plus méridional.

On remarque, à l'E. et au S. E., les montagnes *Bleues* et les *Alpes Australiennes ;* au S., le fleuve *Murray*, le lac *Torrens.*

On ne connaît presque pas l'intérieur du pays.

Les régions principales de ce continent sont :

1° La *Nouvelle-Galles méridionale*, dont la capitale est SYDNEY.

2° La province de **Victoria**, la plus favorisée par la douceur du climat, et la plus peuplée par les colons européens. Elle possède de très-riches mines d'or et des cultures florissantes. La capitale est MELBOURNE, la plus grande ville de l'Australie.

3° Le **Queensland**, capitale BRISBANE.

4° L'**Australie du sud**, capitale ADÉLAÏDE.

5° L'**Australie de l'ouest**, capitale PERTH.

L'Australie a un climat salubre et tempéré ; les productions de l'Europe, entre autres le blé, la vigne, les chevaux, les bœufs et les moutons, y réussissent parfaitement.

Les indigènes sont de misérables populations noires, divisées en familles éparses, tout à fait sauvages.

Au S. E. de l'Australie, est la grande île de **Tasmanie** ou de **Diemen**, qui appartient aussi aux Anglais.

La **Nouvelle-Guinée**, ou **Terre des Papous**, est une belle et grande île située au N. de l'Australie, dont elle est séparée par le détroit de *Torrès ;* les Hollandais en possèdent une partie. — Elle se termine, au S. E., par la *Louisiade*, composée d'une longue presqu'île accompagnée d'îles.

Près et à l'E. de la Nouvelle-Guinée, est l'archipel de la **Nouvelle-Bretagne.**

Dans la partie la plus orientale de la Mélanésie, on trouve les îles **Salomon ;** — l'archipel de **Santa-Cruz** ou de **la Pé-**

rouse, où le grand navigateur de ce nom a péri par un naufrage ; — les **Nouvelles-Hébrides** ou l'archipel du **Saint-Esprit** ; — la **Nouvelle-Calédonie**, que la France possède ; — les îles **Viti** ou **Fidji**, aux Anglais.

Toutes les terres de la Mélanésie sont environnées de récifs dangereux, formés de corail.

LXII. — MICRONÉSIE. — POLYNÉSIE. — TERRES ANTARCTIQUES. — POPULATION DE L'OCÉANIE.

MICRONÉSIE. — Dans le nord de l'Océanie, se trouve la *Micronésie*, dont le nom signifie *petites îles*.

Cette division comprend six archipels :

Au N., l'archipel de **Magellan**.

Au milieu, les îles **Mariannes**, autrefois îles des *Larrons*, formant une longue chaîne, alignée du N. au S.

Au S., les îles **Palaos** et les **Carolines**, très-nombreuses.

A l'E., les archipels **Marshall** et **Gilbert**.

POLYNÉSIE. — La partie orientale de l'Océanie forme la *Polynésie*, dont le nom veut dire *beaucoup d'îles*.

Cette division est traversée par l'équateur. Elle ne renferme qu'un seul archipel au N. de ce cercle : c'est l'archipel **Sandwich** ou **Havaï**, dont l'île principale s'appelle aussi *Havaï*. Les habitants de ces îles sont aujourd'hui chrétiens et assez avancés dans la civilisation.

Au sud de l'équateur, on remarque :

Les îles **Samoa** ou des **Navigateurs** ; — les îles **Tonga** ou des **Amis** ; — les îles **Manaïa**, de **Cook** ou d'**Hervey** ; — les îles **Tahiti** ou de la **Société**, dont la principale est *Tahiti*, soumise au protectorat de la France, ainsi qu'une autre île de l'archipel.

Les îles **Toubonaï**, dont deux reconnaissent aussi ce protectorat.

L'archipel **Touamotou** ou des **îles Basses**, parsemé de beaucoup de récifs très-dangereux, et dont font partie les îles *Gambier* ou *Mangaréva*. Il est sous le protectorat de la France.

L'archipel de **Mendaña** ou des **îles Marquises**, qui appartient à la France, et dont l'une des principales îles est *Noukahiva*.

L'île de **Pâques**, située dans la partie la plus orientale de l'Océanie.

La **Nouvelle-Zélande**, importante possession anglaise, composée de trois îles principales, dont les deux plus grandes sont séparées l'une de l'autre par le détroit de Cook. *Auckland* et *Wellington* sont les villes principales de cette colonie, qui a de riches mines d'or, et où la civilisation européenne a fait des progrès remarquables.

L'archipel **Chatham** ou **Broughton**, aux Anglais ;

L'archipel **Auckland**, à la même nation.

L'archipel **Macquarie**, autre possession anglaise.

Au S. E. de la Nouvelle-Zélande, on trouve, dans la mer, les *antipodes* de Paris, c'est-à-dire le point absolument opposé à Paris.

TERRES ANTARCTIQUES DE L'OCÉANIE. — On rattache à l'Océanie, dans l'océan Glacial du sud, plusieurs *régions antarctiques*, telles que la *Terre Adélie* et la *Terre Victoria*. Elles sont couvertes de glace et de neige.

POPULATION DE L'OCÉANIE. — Les 35 millions d'habitants de l'Océanie se composent, à l'O., de *Malais ;* au N., de peuples de *race jaune*, dans la Micronésie ; — au S., dans la Mélanésie, de *noirs*, assez différents des nègres de l'Afrique, surtout par leur chevelure, qui n'est pas laineuse, mais plutôt en forme de brosse ; — enfin, à l'E., de *Polynésiens*, belle population brunâtre, qui tient un peu des Malais. — Il y a un assez grand nombre de *blancs* dans la Malaisie, l'Australie, la Tasmanie, la Nouvelle-Zélande, la Nouvelle-Calédonie, les îles Tahiti et les îles Havaï.

Beaucoup de populations de l'Océanie sont tout à fait sauvages ; mais plusieurs sont intelligentes et propres à recevoir la civilisation, qui est assez avancée dans quelques îles ; dans d'autres, les mœurs sont féroces, et il y a plusieurs peuplades anthropophages. Les Polynésiens se couvrent la peau d'un tatouage curieux.

La religion musulmane domine parmi les indigènes de la Malaisie ; ceux des autres parties sont fétichistes ou chrétiens.

LXIII. — PRODUCTIONS.

On trouve, dans la Malaisie, de l'or, du fer, du cuivre, de l'étain, des diamants. L'Australie est, avec la Californie, la contrée qui a les plus riches mines d'or connues.

La Malaisie produit abondamment le riz, le maïs, la canne à sucre, le sorgho, le camphre, la cannelle, le poivre, le café, la muscade, les clous de girofle, le bois odorant de sandal, les orangers, les mangoustans, qui donnent des fruits délicieux.

Les végétaux indigènes de l'Australie, principale contrée de la Mélanésie, sont peu propres à la nourriture de l'homme; mais il y a plusieurs beaux arbres, tels que les eucalyptus; les céréales européennes et les pommes de terre y réussissent bien.

Le cocotier, l'arbre à pain, le bananier, l'igname, croissent en abondance dans les îles de la Micronésie et de la Polynésie, et vers le S. de celle-ci se trouve aussi le précieux phormium, ou lin de la Nouvelle-Zélande.

On rencontre dans la Malaisie l'éléphant, le rhinocéros, l'hippopotame, le tigre, le buffle, les singes (tels que l'orang-outang). Les animaux de l'Australie se distinguent par leurs formes bizarres et leurs habitudes singulières, et ne sont, pour la plupart, d'aucune utilité pour l'homme : tels sont le kangurou, l'échidné, l'ornithorhynque, le phalanger volant. Les animaux domestiques de l'Europe, particulièrement les bœufs, les moutons et les chevaux, y réussissent parfaitement.

Parmi les oiseaux de l'Océanie, on distingue le casoar, qui se rapproche des autruches; la lyre; le kakatoës, perroquet remarquable par sa belle couleur blanche et par la jolie huppe dont sa tête est surmontée; les oiseaux de paradis ou paradisiers, admirables par la richesse de leur plumage; l'hirondelle salangane, dont on mange les nids; les cygnes noirs, dans l'Australie.

Les principaux reptiles sont les crocodiles, le boa, le serpent fil, le serpent noir ou acanthophis bourreau, le tropinotus, un des serpents les plus curieux par la variété et l'éclat des couleurs.

GÉOGRAPHIE DE L'HISTOIRE SAINTE

LXIV. — COMMENCEMENT DE L'HISTOIRE DES HÉBREUX.

Les Hébreux ne connurent que les extrémités occidentales de l'Asie, un peu le N. E. de l'Afrique, et une petite partie du S. E. de l'Europe. La Méditerranée est appelée par eux *Grande mer* ou la mer des *Philistins*, et la mer Rouge, mer de *Souph* (*mer des Joncs*). Au N., était la *mer Ténébreuse*, qui paraît être une vague indication de la mer Noire et de la mer Caspienne réunies. La *mer d'Askenez* est la mer Noire.

Les Hébreux connaissaient trois grands fleuves : le *Mesraïm* ou *Sihor*, ou fleuve d'*Égypte* (Nil), l'*Euphrate* et le *Hiddekel* (Tigre). Ils désignèrent la plupart des principaux pays par les noms des enfants de *Sem*, de *Cham* et de *Japhet*. Ainsi, les pays d'*Arphaxad*, d'*Assur*, d'*Élam*, d'*Aram*, à l'E., devaient leurs noms à des fils de Sem. — Ceux de *Mesraïm* (Égypte), de *Khus* ou *Kuch*, de *Canaan*, au S. O., devaient les leurs à des fils de Cham. — Au N. O., le pays de *Javan*, qui paraît correspondre au S. de l'Europe et à l'O. de l'Asie Mineure, portait le nom de l'un des fils de Japhet. *Gomer*, autre fils de Japhet, donna son nom à une partie de cette dernière presqu'île.

LXV. — VOYAGES DES ISRAÉLITES. — MOÏSE ET JOSUÉ.

Les Israélites, quittant le pays de Gessen, en Égypte, sous la conduite de Moïse, passèrent quarante ans dans l'*Arabie Pétrée*, renfermée entre l'Égypte, la mer Rouge et le pays de Canaan.

Ils franchirent à pied sec le bras occidental de la mer Rouge, à *Baalzéphon* (Suez), et voyagèrent à travers le désert, pour se rendre dans le pays de Canaan. Ils campèrent d'abord à *Marah*, où les eaux amères furent changées en eaux douces. La station suivante fut celle d'*Élim*, où se trouvaient douze puits. Ils se rendirent ensuite à *Raphidim*, à travers le désert de *Sin*, dans lequel ils commencèrent à avoir la *manne*.

Moïse fit jaillir de l'eau d'un rocher du mont *Horeb*. Au mont *Sinaï*, il reçut les Dix Commandements. Ensuite, les

Mont Sinaï.

Israélites passèrent à *Hazeroth*, lieu célèbre par les murmures d'Aaron et de Marie contre Moïse. Ils rencontrèrent le désert de *Paron*, et ils arrivèrent enfin près de *Kadès-Barnéa*. Là, ils envoyèrent douze hommes pour découvrir le pays de *Canaan*.

Ils firent un long séjour dans le pays de *Kadès*, puis ils se rendirent à *Asiongaber*, à l'extrémité de la branche orientale de la mer Rouge.

De ce point, ils se portèrent vers le désert de *Zin*. Ils campèrent ensuite au mont *Hor*, sur lequel Aaron mourut.

Moïse s'éleva sur le mont *Nébo*, aperçut la Terre Promise, et mourut.

Les Hébreux, sous la conduite de Josué, passèrent le Jourdain à *Galgala*, prirent la ville de *Jéricho* et soumirent les nations de Canaan.

LXVI. — GÉOGRAPHIE PHYSIQUE DE LA TERRE SAINTE.

La Terre Sainte a reçu beaucoup de noms : elle a été appelée *Terre Sainte* parce qu'elle a été le théâtre de la plupart des événements que la Bible rapporte ; pays de *Canaan*, à cause de Canaan, fils de Cham ; *Terre Promise*, parce que Dieu l'avait promise à Abraham ; *Terre d'Israël*, parce qu'elle fut habitée par les Israélites ou descendants d'Israël (Jacob) ; *Judée*, à cause de la tribu de Juda, la plus considérable de celles qui formaient le peuple hébreu ; *Palestine*, des Philistins ou Palestins, qui en occupaient une partie au S. O.

La Terre Sainte était située dans l'O. de l'Asie, au bord de la Méditerranée (Grande mer des Hébreux), à quelque distance au N. de la mer Rouge et près de l'isthme qui joint l'Asie à l'Afrique (isthme de Suez des modernes) ; elle touchait au N. à la Syrie (Aram en hébreu), au N. O. à la Phénicie, à l'E. et au S. à l'Arabie. Elle s'étendait du N. au S., l'espace de 260 kilomètres, sur une largeur moyenne de 100 kilomètres, de l'E. à l'O.

Elle est comprise dans le S. de la Syrie actuelle, une des parties de la Turquie d'Asie.

L'aspect du pays offre une agréable variété de montagnes, de collines, de vallées et de plaines. Le climat est salubre.

Le *Jourdain*, le principal fleuve de la Palestine, est profond et rapide, mais peu large et très-sinueux. Il prend naissance vers le mont Hermon, forme les lacs de Mérom et de Génésareth, et, après avoir coulé au S. l'espace d'environ 200 kilomètres, tombe dans la mer Morte.

La mer *Morte*, appelée aussi mer de *Sodome*, lac *Salé* et lac *Asphaltite* (à cause de l'asphalte qui s'y trouve), a environ 75 kilom. de longueur et 12 kilom. de largeur. Elle se trouve dans une profonde dépression, et son niveau est à

Mer Morte.

400 mètres au-dessous de la Méditerranée. Elle occupe la plaine où étaient *Sodome* et quelques autres villes détruites du temps de Loth. L'eau en est très-salée, très-amère et très-pesante.

La mer de *Galilée*, nommé aussi lac de *Génésareth*, mer de *Tibériade* et mer de *Cinnéroth*, a 25 kilom. de long et 9 kilom. de large; elle est entourée de collines élevées, et offre l'aspect le plus agréable et le plus pittoresque.

Le mont *Liban* couvre une partie du nord de la Palestine.

A l'est de cette chaîne, est l'*Anti-Liban*, auquel se rattache le mont *Hermon*.

On remarque encore le mont *Carmel* au bord de la Méditerranée ; le mont *Thabor* et le mont *Gelboé* ou *Gelboa*, au sud-ouest de la mer de Galilée ; les montagnes d'*Éphraïm* ou d'*Israël* (dont le mont *Ebal* est un des principaux points), au centre de la Palestine ; les monts de *Juda*, au S. ; les monts de *Galaad* ou *Gilead* et de *Basan*, à l'E. du Jourdain ; les montagnes d'*Abarim*, dont le *Nébo* fait partie, et les monts de *Moab*, à l'E. de la mer Morte.

LXVII. — DIVISIONS POLITIQUES SUCCESSIVES DEPUIS JOSUÉ JUSQU'A LA CONQUÊTE ROMAINE.

Du temps de Moïse et de Josué, le pays de Canaan était habité par divers peuples qui descendaient de Canaan : tels étaient les *Amorrhéens*, les *Jébuséens*, autour de la ville de Jébus, qui fut plus tard Jérusalem ; les *Héthéens*, les *Gabaonites*, les *Péréséens*, les *Gergéséens*, les *Hévéens*, les *Cananéens* proprement dits, qui étaient distribués en deux divisions : les Cananéens de la vallée du Jourdain, et les Cananéens des bords de la mer (Méditerranée). Les *Israélites* exterminèrent tous ces peuples ; mais, pendant longtemps, ils ne purent soumettre les *Philistins*, qui habitaient au S. O., sur la côte de la Méditerranée. Autour de la Palestine, habitaient les *Ammonites*, à l'E., les *Moabites* et les *Madianites* au S. E., les *Édomites* ou *Iduméens* et les *Amalécites*, au S.

Le pays que les Israélites avaient conquis fut partagé entre les douze tribus. Les *Lévites* (la tribu de *Lévi*) étaient consacrés au sacerdoce, et ne reçurent pas, comme les autres, de territoire particulier : on pourvut à leur existence en leur attribuant le dixième des produits du sol ; et, pour résidence, on leur assigna quarante-huit villes éparses à travers toutes les tribus.

Les postérités d'*Éphraïm* et de *Manassé* (les deux fils de Joseph) eurent leurs territoires particuliers, comme deux tribus distinctes.

Les tribus de *Ruben* et de *Gad*, ainsi qu'une moitié de la tribu de *Manassé*, habitèrent à l'E. du Jourdain ; — toutes les autres s'établirent à l'O. : c'étaient, du N. au S. : *Aser*, *Nephthali*, *Zabulon*, *Issakhar*, l'autre demi-tribu de *Manassé*, *Ephraïm*, *Dan*, *Siméon*, *Benjamin* et *Juda*.

Pendant les règnes de David et de Salomon, lorsque la nation israélite était à son plus haut point de splendeur, les limites du royaume furent bien reculées, et s'étendirent depuis la frontière d'Égypte et l'extrémité boréale de la mer Rouge, au S. O., jusqu'à l'Euphrate, au N. E.

Après la mort de Salomon, dix tribus se révoltèrent contre son fils Roboam, et il se forma deux royaumes : celui d'*Israël*, qui se composait des dix tribus révoltées, et celui de *Juda*, qui comprenait les tribus de Juda et de Benjamin.

LXVIII. — PROVINCES ROMAINES ET VILLES PRINCIPALES DE LA PALESTINE.

A l'époque des événements que décrit l'Évangile, du temps de l'empereur Auguste, la Palestine était soumise aux Romains, et divisée en six parties : 1° à l'O. du Jourdain : la *Judée*, la *Samarie*, la *Galilée* (qui se divisait en deux parties : la *Galilée Supérieure* ou des *Gentils*, au N., et la *Galilée Inférieure*, au S.) ; — 2°, à l'E. du Jourdain : la *Pérée*, la *Décapole* et la *Gaulanitide*, trois pays dont l'ensemble était généralement désigné sous le nom de *Galaad*.

Villes principales de la **Judée** (tribus de Benjamin, Juda, Dan, Siméon, et pays des Philistins) : *Jérusalem*, *Hiérosolyma* ou *Solima*, dans le S. de la tribu de Benjamin, vers la frontière de celle de Juda, était la capitale de la Judée ; elle fut aussi celle du royaume de Juda et de toute la monarchie des Hébreux à l'époque de sa plus grande splendeur. Cette ville était souvent appelée *Cité Sainte* ou *Cité de Dieu*. Jérusalem s'élevait sur les montagnes de *Sion*, au S., de *Moria*, à l'E., d'*Acra* et de *Bézétha*, au N.; des vallées l'environnaient presque de tous côtés, et la séparaient d'autres montagnes remarquables, telles que le *Calvaire* ou le *Golgotha*, à l'O., et le mont des *Oliviers*, à l'E. Deux petites rivières, branches supérieures du torrent de Cédron, coulaient, l'une, à l'E., l'autre, au S. Lorsque, après avoir été détruite par Titus, la ville fut relevée par Adrien, elle fut quelque temps nommée *Ælia Capitolina.*

Béthanie, près et au N. E. de Jérusalem, est fameuse par la résidence de Marie et de Marthe, par la résurrection de Lazare et par l'Ascension du Sauveur. — *Gabaon,* au nord de la ville précédente, fut la capitale des Gabaonites. — *Jéricho,* à l'E., était célèbre par ses palmiers et par le siége qu'elle soutint contre Josué. — C'est à *Galgala* que les Israélites passèrent le Jourdain.

Bethléem.

Bethléhém ou *Bethléem,* au S. de Jérusalem, es' remarquable par la naissance de Jésus-Christ et par celle de David. — *Hébron* ou *Kériath-Arba* est intéressante dans l'histoire des patriarches et dans celle de David. Au N. E. d'Hébron, on remarquait la plaine de *Mambré* ou *Mamré*, où Abraham a séjourné, et où ce patriarche, Isaac et Jacob furent ensevelis, dans la grotte de Makhpéla ; à l'E., près de la mer Morte, on trouvait la grotte d'*Engaddi*, située vers le désert du même nom, et fameuse par l'asile qu'elle offrit à David.

Azoth ou *Asdod*, près de la mer Méditerranée (mer Intérieure des Romains), est connue par le temple de Dagon, où les Philistins placèrent l'arche sainte, et par le long siége qu'en fit Psammétique, roi d'Égypte. — *Ascalòn* vit naître Hérode, et a donné son nom au légume *ascalonios* (échalote). — *Gaza* (Razzé), au S., était la première ville des Philistins. — *Gérar* fut quelque temps la métropole de ce peuple. — *Césarée de Palestine* (Kaïsarieh), auparavant *Tour de Straton*, sur la mer Intérieure, a été la résidence des gouverneurs romains de la Palestine.

LXIX. — SUITE DES PROVINCES ROMAINES ET DES VILLES PRINCIPALES.

Villes de la **Samarie** (demi-tribu occidentale de Manassé et tribu d'Éphraïm) : *Samarie* ou *Chomron*, plus tard *Sébaste*, fut la capitale du royaume d'Israël, et, par la suite, de la Samarie. — *Thersa*, à l'E. de Samarie, fut quelque temps la résidence des rois d'Israël. — *Sichem*, *Mabartha* ou *Neapolis* (Naplous) est citée dans l'histoire de Jacob, de Joseph et de Josué. — *Silo* est remarquable parce que l'arche d'alliance y fut conservée longtemps. — *Joppé* ou *Japho* (Jaffa) était un port de mer.

Villes de la **Galilée** (tribus de Nephthali, Zabulon, Issakhar, Aser) : *Dan* fut remarquable par le culte du veau d'or, qu'y établit Jéroboam. — *Capharnaüm*, intéressante par le séjour de Jésus-Christ et celui de saint Matthieu, était près de la rive N. O. de la mer de Galilée. — *Tibériade* ou *Tibérias*, sur le bord occidental du lac de ce nom, fut la capitale de la Galilée, et eut une fameuse académie juive après la destruction de Jérusalem. — *Magdala*, sur le même lac, était la patrie de sainte Marie-Madeleine (Magdalena). — *Béthulie* a été illustrée par le courage de Judith. — *Nazareth*, près et à l'O. du mont Thabor, fut la résidence de Jésus-Christ, ainsi que *Cana*, qui était un peu au N. de cette ville. — *Sepphoris* ou *Dio-Césarée* est le lieu où la tradition place la de-

Nazareth.

meure des parents de la Vierge. — *Jezraël* ou *Esdrélon*, près du mont Gelboé, avait un palais d'Achab et de Jézabel. — *Aco* ou *Ptolémaïs* (auj. *Acre*) appartint longtemps aux Phéniciens.

LXX. — SUITE DES PROVINCES ET DES VILLES PRINCIPALES.

Villes de la *région à l'E. du Jourdain*, c'est-à-dire de la **Décapole**, de la **Gaulanitide** et de la **Pérée**, avec le pays de *Basan* ou *Batanée*, qu'on a mis quelquefois hors de la Terre-Sainte. (Cette région à l'E. du Jourdain comprend la demi-tribu orientale de Manassé et les tribus de Gad et de Ruben.) — *Julias* ou *Bethsaïda*, près du bord septentrional de la mer de Galilée, fut la résidence des disciples Philippe, Pierre, André, Jacques et Jean. — *Césarée-Philippe* ou *Césarée-Panéas* se trouvait beaucoup plus au N. — *Adraa* ou *Edrei*, à l'E., est connue par la défaite d'Og, roi de Basan. — Il faut aussi remarquer : *Ramath-Galaad* ou *Aramatha*, souvent nommée dans les guerres des Israélites ; — *Rabbath-Ammon* et *Rabbath-Moab* ; — *Succoth* et *Mahanaïm*, connues dans l'histoire de Jacob ; — *Béthabara*, où a été baptisé saint Jean ; — *Gérasa*, qui a laissé des ruines magnifiques ; — *Hesbon*, qui fut une des principales villes des Amorrhéens.

PARIS. — IMPRIMERIE DE L. MARTINET, RUE MIGNON, 2.

COURS COMPLET D'HISTOIRE ET DE GÉOGRAPHIE

Contenant les matières indiquées par les programmes officiels de 1874

A L'USAGE DES LYCÉES ET DES COLLÉGES

Classes élémentaires

PETITE HISTOIRE SAINTE, par M. V. Duruy. In-18, cartonné.......... » 80
PETITE HISTOIRE DE FRANCE, par le même auteur. In-18, cartonné.... 1 »
NOTIONS ÉLÉMENTAIRES DE GÉOGRAPHIE GÉNÉRALE ET NOTIONS SUR LA GÉO-
GRAPHIE DE LA FRANCE ET DE LA TERRE SAINTE, par M. E. Cortambert
(classe préparatoire). In-12, cartonné.......... » 84
   Atlas correspondant (9 cartes). Grand In-8, cartonné.......... 1 50
GÉOGRAPHIE ÉLÉMENTAIRE DES CINQ PARTIES DU MONDE, par M. E. Cortambert
(classe de Huitième). In-12, cartonne.......... » 80
   Atlas correspondant (10 cartes). Grand in-8, cartonné.......... 1 50
GÉOGRAPHIE ÉLÉMENTAIRE DE LA FRANCE, par M. E. Cortambert (classe de
Septième). In-12, cartonné.......... 1 20
   Atlas correspondant (15 cartes). Grand in-8, cartonne.......... 2 50

Classe de Sixième

HISTOIRE ANCIENNE, par M. V. Duruy. In-12, cartonné.......... 3 »
GÉOGRAPHIE GÉNÉRALE DE L'ASIE, DE L'AFRIQUE, DE L'AMÉRIQUE ET DE
L'OCÉANIE, par M. E. Cortambert. In-12, cartonné.......... 1 50
   Atlas correspondant (27 cartes). Grand in-8, cartonné.......... 4 »

Classe de Cinquième

HISTOIRE GRECQUE, par M. V. Duruy. In-12, cartonné.......... 3 »
GÉOGRAPHIE GÉNÉRALE PHYSIQUE ET POLITIQUE DE L'EUROPE (moins la France,
par M. E. Cortambert. In-12, cartonné.......... 1 50
   Atlas correspondant (20 cartes). Grand in-8, cartonné.......... 3 »

Classe de Quatrième

HISTOIRE ROMAINE, par M. V. Duruy. In-12, cartonné.......... 3 »
GÉOGRAPHIE DE LA FRANCE, par M. E. Cortambert. In-12, cartonné.... 1 50
   Atlas correspondant (23 cartes). Grand in-8, cartonné.......... 3 »

Classe de Troisième

HISTOIRE DE L'EUROPE DU Ve SIÈCLE A LA FIN DU XIIIe, par M. V. Duruy. In-12,
cartonné.......... 3 50
GÉOGRAPHIE DE L'EUROPE, par M. E. Cortambert. In-12, cartonné..... 2 »
   Atlas correspondant (20 cartes). Grand in-8, cartonné.......... 3 50

Classe de Seconde

HISTOIRE DE L'EUROPE, DE LA FIN DU XIIIe SIÈCLE AU COMMENCEMENT DU XVIIe,
par V. Duruy. In-12, cartonné.......... 3 50
DESCRIPTION PARTICULIÈRE DE L'ASIE, DE L'AFRIQUE, DE L'AMÉRIQUE ET DE
L'OCÉANIE, par M. E. Cortambert. In-12, cartonné.......... 3 »
   Atlas correspondant (26 cartes). Grand in-8, cartonné.......... 4 »

Classe de Rhétorique

HISTOIRE DE L'EUROPE, DE 1610 A 1789, par M. V. Duruy, cartonné... 3 50
GÉOGRAPHIE DE LA FRANCE, par M. E. Cortambert. In-12, cartonné... 3 »
   Atlas correspondant (30 cartes). Grand in-8, cartonné.......... 4 50

Classe de Philosophie

HISTOIRE ET GÉOGRAPHIE CONTEMPORAINES, DE 1789 A 1848, par M. Gust.
Ducoudray. In-12, cartonne.......... 5 »
RÉSUMÉ DE GÉOGRAPHIE GÉNÉRALE offrant particulièrement les changements
territoriaux survenus depuis 1848, par M. E. Cortambert. In-12, cart. 2 »

Classe de Mathématiques préparatoires

ÉLÉMENTS DE GÉOGRAPHIE GÉNÉRALE, par M. E. Cortambert. In-12. 4 50

Classe de Mathématiques élémentaires

GÉOGRAPHIE GÉNÉRALE, par M. E. Cortambert. In-12, cartonné........ 5 »
NOUVEL ATLAS DE GÉOGRAPHIE MODERNE, contenant 60 cartes. (Classes de phi-
losophie, de mathématiques préparatoires et élémentaires). in-4.......... 10 »

PARIS. — IMPRIMERIE DE E. MARTINET, RUE MIGNON, 2

BIBLIOTHEQUE NATIONALE DE FRANCE

3 7502 00624157 6

www.ingramcontent.com/pod-product-compliance
Lightning Source LLC
Chambersburg PA
CBHW061243060726
47596CB00002B/410